RECUEIL DES VERTUS ET DES MIRACLES

DU R. P. MAUNOIR.

RECUEIL

DES VERTUS ET DES MIRACLES

DU R. P. JULIEN MAUNOIR,

De la Compagnie de Jésus, Missionnaire en Bretagne ;

PAR LE R. P. G. LE ROUX,

DE LA MÊME COMPAGNIE.

SAINT-BRIEUC,

CHEZ L. PRUD'HOMME, IMPRIMEUR - LIBRAIRE.

1848.

1849

PRÉFACE

De cette nouvelle Édition de l'Ouvrage du P. LE ROUX.

———

I. Pour se rendre compte de l'importance du livre que nous réimprimons, il faut, en le lisant attentivement, se rappeler les circonstances dans lesquelles il fut publié : sous une forme assez vulgaire et un style très-négligé, on y reconnaît bientôt un témoignage d'une haute valeur rendu à la pieuse mémoire du P. Julien Maunoir.

C'était en 1715, époque de la transition du siècle des grands saints et des grands hommes de la France, au 18me siècle où la foi, ce premier besoin et

cette sauvegarde de l'intelligence humaine, ne devait plus être regardée que
comme une faiblesse. Ce qu'on avait vu
de ses yeux, a peine osait-on le croire,
encore moins l'avouer dans la crainte de
passer pour un esprit vulgaire et fanati-
que. Tandis que, le jansénisme introdui-
sait dans l'Eglise une critique méticu-
leuse, allant trop souvent jusqu'au scep-
ticisme historique, l'incrédulité s'empa-
rait des salons de Paris et la mode en ré-
pandait le venin jusqu'aux extrémités du
royaume. La prudence conseillait donc
une grande réserve aux historiens qui
entreprenaient d'écrire le récit des faits
miraculeux par lesquels Dieu avait régé-
néré des provinces entières dans le siècle
précédent; et la vie du P. Maunoir nous
offre une preuve frappante de la justesse
de cette remarque. Dès l'an 1696 le P.
Boschet, son premier historien, se plai-
gnait des difficultés que présentait la pré-
vention des esprits contre tout ce qui appartenait aux miracles: on voit qu'il recu-
la souvent devant son devoir de narra-

teur fidèle, dans la crainte de scandaliser plutôt que d'édifier ses lecteurs. (1)

(1) *Le parfait Missionnaire* ou la vie du P. Maunoir, par le P. Boschet (édition de 1696) est un livre d'un grand intérêt ; contrairement à l'habitude des historiens, son auteur ne semble craindre que d'en trop dire à la gloire de son héros : il est constamment en présence de la critique qu'il redoute à l'excès ; ce qui, tout en nuisant à la naïveté de son récit, doit augmenter la confiance qu'il inspire. Lui-même n'avait pu croire d'abord à tous les renseignements déposés entre ses mains pour écrire cette vie extraordinaire, et l'abondance des matériaux fut cause qu'il entreprit les voyages que font les autres pour en chercher. Il vint en Bretagne vérifier sur les lieux mêmes les prodiges de l'homme apostolique dont les travaux gigantesques lui paraissaient, de loin, fabuleux. Il demanda que la vérité des faits lui fût attestée par les évêques de Bretagne et par les missionnaires qui suivaient le Père Maunoir dans ses courses évangéliques. Il interrogea les curés des paroisses où il avait travaillé, les gentilshommes dont il avait dirigé les pieux desseins, les peuples qu'il avait arrachés à l'ignorance et aux mauvaises passions. Ce fut d'après cette voix unanime de bénédiction que le P. Boschet mit la main à l'œuvre ; puisant en même temps, pour retracer la vie intime du P. Maunoir, à trois sources non moins dignes de foi : 1°, le journal de ses sentiments propres, écrit par lui-même depuis le temps de son noviciat ; 2°, le journal de ses missions dont il envoyait une

Conduit par son zèle pour les missions dans les divers lieux où le P. Maunoir *avait passé en faisant le bien*, le P. Le Roux trouva chacun des pas de cet apôtre de la Bretagne marqué par des témoignages encore vivants de sa haute vertu et de sa puissance miraculeuse. Travaillant avec les derniers missionnaires formés par le P. Maunoir et entendant partout les peuples bénir son nom

copie chaque année aux archives de la compagnie à Rome ; 3°, le journal des mêmes missions pendant 15 ans, laissé par le P. Martin dernier compagnon du P. Maunoir et témoin oculaire de tout ce qu'il raconte. On voit qu'il est impossible de demander à un historien des témoignages plus sûrs et plus authentiques. Le P. Leroux eut recours aux mêmes sources pour écrire son livre, et il nous à transmis des détails intéressants omis par le P. Boschet avec ou sans dessein.

L'ouvrage du P. Boschet a été réimprimé à Lyon en 1837, ainsi que la vie de M. Le Nobletz. Il est à regretter que le nouvel éditeur, plein de zèle pour la gloire de l'église de Bretagne, ait supprimé, dans son édition, l'avertissement du P. Boschet avec sa dédicace aux états de Bretagne, et que l'ignorance de la langue bretonne ait fait commettre des fautes nombreuses dans l'impression.

vénéré, il se dit sans doute : *malheur à moi si je me tais ! s'il faut garder le secret du roi , il est bon de proclamer les œuvres de Dieu,* et avec une plume qu'un peu de soin aurait rendue correcte autant qu'elle est facile , il écrivit rapidement ce qu'il crut propre à inspirer aux autres la vénération dont son âme était profondément pénétrée. Son but ne fut pas précisément de donner une nouvelle vie du P. Maunoir , puisque 20 ans auparavant *un autre ,* dit-il , *l'avait écrite beaucoup mieux qu'il ne pourrait le faire ;* il se proposa d'abord de tracer une esquisse, *un faible crayon de ses vertus ,* et surtout de recueillir les miracles opérés par son intercession , soit pour augmenter la confiance qu'avait la Bretagne entière au crédit du saint apôtre auprès de Dieu , soit pour avancer l'œuvre de sa canonisation. Le style du récit de ses vertus, formant la première partie du livre, est fort négligé : mais l'abrégé en luimême est bien fait, et il reproduit fidèlement , en quelques pages , l'ensemble

d'une vie si longue et si pleine. La seconde partie, le recueil des miracles,
quoique sans ordre et d'une grande confusion dans la narration des faits, offre
pour le fond des preuves une solidité et
une abondance dont tout esprit juste
sera frappé jusqu'à se demander comment il s'est fait que ce saint prêtre n'ait
pas encore été placé par l'Eglise sur ses
autels.

Sans s'inquiéter en effet de la forme de
son livre, sans penser même à le confier
quelques instants au premier venu des
grammairiens de sa compagnie, le P. Le
Roux ne se préoccupe que d'une chose;
c'est d'appuyer ce qu'il dit des témoignages les plus imposants, afin que ses paroles
soient *reconnues véritables par ses compatriotes* et qu'elles soient de nature à dé-
fier toute critique raisonnée et impar-
tiale. Aussi son ouvrage, approuvé par
trois théologiens de sa compagnie, est
imprimé avec la permission du provincial, malgré la sage réserve imposée aux
Jésuites de ne laisser rien paraître, en

ce temps-là surtout, qui *pût en aucune façon prêter à la critique : sachant à quel point on épie ce qui sort de leurs plumes pour se venger même, par des duretés envers l'auteur, de la perfection des ouvrages.* (Le P. Boschet dans son avertissement sur la vie du P. Maunoir.)

Dans ces circonstances, les Jésuites permirent l'impression du *Recueil des Vertus et des Miracles du P. Maunoir* ; preuves certaines de la notoriété publique acquise et à ces vertus et à ces miracles.

L'évêque de Quimper, Mgr de Plœuc, par son approbation du même recueil, autorise et reconnaît les faits que l'auteur y a consignés, et se plaît à faire d'une simple permission d'imprimer l'occasion d'un nouvel hommage de sa vénération pour le saint missionnaire. Il ne faisait en cela que confirmer le témoignage authentique rendu au P. Maunoir par son vénérable prédécesseur sur le siége de Quimper, Mgr de Coetlogon, à l'époque où le P. Boschet explorait la Bretagne pour y recueillir les matériaux de son livre.

De plus, Mgr. de Plœuc venait, à la sollicitation du P. Le Roux, de faire renouveler les informations juridiques de six miracles qu'il avait examinés *par lui-même* et en remplissant toutes les formalités requises : fait qui donne à son approbation une toute autre valeur que celle d'une concession bienveillante.

Il existe encore, en faveur du livre du P. Le Roux, un autre caractère d'autorité dont on ne peut bien juger l'importance, qu'en se transportant aux temps où il écrivait : c'est l'irrécusable gravité des noms qu'il cite, et l'éminente piété des personnes dont il invoque à chaque page le témoignage; alors il suffisait de nommer ces hommes vénérables, pour faire comprendre à la Bretagne, encore embaumée de leurs vertus, l'estime qu'elle devait faire de leur jugement sur la sainteté des autres. De nos jours la puissance de pareils noms ne peut plus être appréciée que par le petit nombre de ceux qu'une étude approfondie a initiés aux merveilles de l'église de Bretagne au 18me siècle.

C'est avec le regret de ne pouvoir rendre le même hommage à tous ces personnages dont les hautes vertus firent l'admiration de leur siècle, que nous avons essayé, à la fin de cette nouvelle édition, de retracer rapidement quelques-unes des saintes et nobles figures qui nous apparaissent dans l'histoire du P. Maunoir.

S'appuyant sur des suffrages si honorables et si sûrs, le P. Le Roux ne craignit pas de dédier la vie qu'il venait d'écrire aux états de Bretagne, et par là encore il lui acquit un caractère de sincérité et une étendue de publicité qu'il serait impossible de comprendre sans se rappeler quelle était la composition de cette respectable assemblée.

Elle était formée de tous les évêques, abbés, dignitaires et députés élus du clergé, de tous les gentilshommes bretons dont les demeures étaient disséminées dans les paroisses des campagnes où avait paru le P. Maunoir ; des députés du tiers-état, choisis par leurs concitoyens parmi les bourgeois les plus respectés. Devant cette réunion imposante, le P. Boschet avait osé dire en 1696 : « Sans sortir de cette » assemblée, il se trouverait peut-être » assez de preuves et assez de témoins des » vertus et des miracles du P. Maunoir » pour fournir au procès de sa canonisa- » tion.» Vingt ans plus tard, en 1716, le P. Le Roux ajoute dans sa dédicace aux mêmes états : « L'estime universelle, que » l'on a dans cette province pour le P. » Maunoir, me donne lieu d'espérer que » vous recevrez avec plaisir le recueil » de ses vertus et de ses miracles : plu- » sieurs de vous l'ont pu connaître et » pratiquer.... Les fruits de ses missions » et de ses miracles rafraîchissent sans » cesse sa mémoire, et 23 ans écoulés » depuis sa mort ont été marqués par » quantité de prodiges opérés par son » intercession. » Le même historien fait ensuite le récit « de 300 *miracles seule-* » *ment*, choisissant autant qu'il peut, » ceux opérés en faveur de personnes » de qualité qui ne sont pas sujettes à » crier miracle pour de peu : » il énumère

alors les noms des familles les plus con-
nues de la Bretagne , *toutes représentées
aux états* par quelques-uns de leurs membres.

Sans nul doute, il faut avoir la conviction profonde de la réalité des faits que
l'on avance , pour le faire en des circonstances où la moindre assertion dou-
teuse ne pouvait manquer d'attirer un
prompt démenti , aussi compromettant
pour la cause même qu'on voulait servir qu'humiliant pour l'auteur convaincu
dès lors de fourberie ou de crédulité ridicule ; et cette humiliation serait re-
tombée également sur l'évêque de Quimper qui aurait compromis l'autorité de
son caractère , en garantissant publiquement l'exactitude et la sincérité des informations prises par le P. Le Roux.

Qu'on se garde bien du reste de juger
du degré d'intérêt que pouvait inspirer
aux états de Bretagne le plus ou moins
d'exactitude des historiens de la vie des
saints personnages de la province , par
l'indifférence religieuse des assemblées

politiques de nos jours ; jusqu'à cette époque encore , malgré les doctrines de l'incrédulité qui commençaient à se répandre , l'esprit public considérait , en Bretagne surtout , les travaux et les succès des héros de la foi comme une des gloires de la patrie , et il s'enflammait d'un pieux zèle pour les honorer. Que si l'on demandait pourquoi les états de la province ne donnèrent pas un soin plus continu et plus efficace à la poursuite de la béatification de l'apôtre de la Bretagne , on pourrait rendre compte peutêtre de cette négligence par la date même du livre qu'écrivit le P. Le Roux : il fut imprimé en 1715 , à la veille de la conspiration de Cellamare qui commença pour la Bretagne l'ère des troubles et des grandes commotions politiques. On n'était pas loin d'ailleurs du temps où l'opinion s'égara au point de voir avec applaudissement , 6o ans après la mort du P. Maunoir , le parlement défendre , *par arrêt et sous de graves peines* , les missions et les retraites par le moyen desquelles la province avait été plus d'une fois régénérée. Enfin la suppression de l'ordre des Jésuites , suivie de près par l'ébranlement général de l'église de France , tels furent les motifs trop fondés qui firent suspendre les informations juridiques sur les miracles et les vertus du P. Maunoir. Mais ni les passions des hommes, ni les révolutions de la terre n'entravent pour toujours les desseins de Dieu , et il ne faut pas renoncer encore .à entendre un jour la voix auguste de Rome mettre au nombre des saints et antiques apôtres de la Bretagne , le prêtre courageux et infatigable qui la renouvela au 17ᵉ siècle : au milieu des montagnes noires d'où il semble veiller encore sur la terre si catholique qu'il féconda de ses sueurs , le chemin de son tombeau est toujours foulé par la foule pieuse , et bien des cœurs reconnaissants témoignent encore de l'efficacité de son intercession auprès de Dieu

II. Comme il est impossible de bien juger un homme célèbre et destiné par la Providence à exercer une grande action sur ses semblables , sans connaître les temps et les lieux où il vécut, il nous paraît non-seulement naturel , mais nécessaire de jeter aussi un regard rapide sur l'état de la Bretagne au moment où y parut le P. Maunoir.

Les guerres de religion auraient épargné cette province , exempte de toute attache à l'hérésie , si la politique ambitieuse de Mercœur ne se fût artificieusement cachée sous le masque d'un zèle ardent pour la ligue. Les droits éventuels de la duchesse de Mercœur à la souveraineté de la Bretagne transformèrent en esprit de parti la résistance des Bretons à Henri IV dont les prétentions n'étaient guère soutenues dans cette partie de la France que par des troupes étrangères et par conséquent sans merci pour le pays. D'un autre côté, le duc de Mercœur avait également à sa solde des troupes espagnoles ; et si à ces deux armées plus ou moins disciplinées, on ajoute les horribles bandes qui , se formant dans le but unique de piller, s'abandonnaient sans frein à tous les excès, on comprend sans peine qu'une grande dépravation dans les mœurs dut être la suite de toutes ces guerres en Bretagne. (1)

A ces désordres succédèrent naturellement ceux d'une extrême ignorance pour la génération élevée au milieu de ces troubles politiques : l'instruction manquait entièrement à la jeunesse bretonne à la fin du 16e siècle et au commencement du 17e, le premier élément de l'éducation, l'exemple ne pouvait enseigner que des habitudes grossières et violentes. Alors l'ivrognerie surtout dominait dans presque toutes les classes de la société et ouvrait nécessairement la porte à tous les vices. Sauf de rares exceptions, le clergé de Quimper partageait lui-même l'ignorance des laïques, et ce malheureux diocèse, ravagé successivement par la guerre et par la famine, avait été traité pendant

(1) Voir le manuscrit du chanoine Moreau sur la ligue en Bretagne.

longtemps comme un évêché *in partibus infidelium*. On l'avait vu donner en commande tour à tour à plusieurs évêques, et entre autres à deux qui résidaient à Rome. Il n'était donc pas étonnant que le clergé, trop semblable à un troupeau errant sans pasteur, s'inquiétât beaucoup plus de la valeur des bénéfices que des devoirs qui s'y trouvaient attachés. (2)

Un auteur d'une instruction profonde remarque, dans la vie de M. Olier, que le 17e siècle présente le singulier contraste d'avoir produit plus qu'aucun autre, vers sa fin, de grands et saints personnages, tandis que sa première moitié nous montre un trop grand nombre d'hommes sans foi, d'une immoralité révoltante et même d'un cynisme féroce. Les mémoires du temps nous en offrent des preuves surabondantes dans la Bretagne. M. de Queriolet est un des types de ces *libertins* comme on les appe-

(2) Voir l'histoire de l'église de Bretagne par M. Tresvaux, et surtout *le catalogue des évêques de Kemper* par Albert le Grand.

lait , et cependant son étrange histoire atteste qu'il n'avait pu parvenir à éteindre en lui la foi , tandis que chez beaucoup d'autres la foi avait fait un naufrage complet.

Mgr Le Prêtre avait compris sans doute le besoin indispensable d'une bonne éducation pour rétablir l'ordre dans son diocèse, quand il fonda, en 1624, à Quimper, le collége des Jésuites auxquels les meilleures familles du pays s'empressèrent de confier leurs enfants ; heureuses de n'être plus obligées , pour leur faire acquérir la science et la piété , de les envoyer jusqu'en Guyenne, par les navires marchands des ports de Bretagne. On sait que messieurs Le Nobletz , Quintin , du Louet, et un grand nombre d'autres gentilshommes bretons avaient été faire leurs études à Bordeaux et à Agen. Mais ce collége des Jésuites , fondé à Quimper , eût rendu un immense service à la cause de Dieu et de la vertu en Bretagne , quand il n'eût fait que donner à cette province l'un de ses professeurs,

le vénérable P. Maunoir , que l'on peut
sans injustice ni exagération , asso-
cier aux hommes bénis du ciel et de la
terre que Dieu envoya alors à la France
pour guérir ses plaies profondes. Saint
Vincent de Paul dans Paris et dans toute
la France, Pierre Fourrier dans la Lorain-
ne , saint François Régis dans le Velay,
le P. Maunoir dans la Bretagne eurent
une mission évidemment divine , et, en
oubliant leurs noms sacrés , l'histoire se
rendrait coupable d'une odieuse in-
gratitude.

De bons esprits ont remarqué que la
date de cet heureux changement est l'é-
poque même où, en 1637, la France fut
consacrée à la Mère de Dieu , par son
pieux monarque , et c'est une croyance
chère à des cœurs dévoués au culte de
Marie que cette élite de saints ouvriers
qui vinrent alors au milieu de nous reproduire les merveilles des temps apostoliques , était un bienfait de plus dont
notre pays était redevable à cette auguste Vierge.

Le P. Maunoir avait été précédé et annoncé par M. Le Nobletz ; il fut plus tard formé aux missions avec une tendresse toute paternelle par ce même prêtre dont le nom est encore si justement vénéré dans la Bretagne , et rien de plus intéressant que le parallèle de ces deux hommes extraordinaires dont la mission semble être une dans les vues de Dieu , comme leurs cœurs étaient un par la grâce. Tout diffère en eux suivant la nature , et tout s'accorde pour l'exécution d'un grand dessein de Dieu ; il est impossible de les bien juger en les séparant ; l'un complette l'autre.

Ainsi M. Le Nobletz est riche , noble , d'une science aussi profonde que brillante , d'un naturel ardent , d'une imagination très-vive , d'un zèle que n'arrête nulle considération humaine : il porte le mépris du monde jusqu'aux saints excès de la folie de la croix , et il en vient à passer pour insensé , même aux yeux de sa famille. Cependant une insigne sagesse se cache sous ces abjectes

apparences ; des saints se forment à son
école, et comptant pour rien les immenses travaux , les persécutions et
toutes les douleurs de sa vie , il ne
soupire qu'après le jour heureux où son
successeur encore inconnu , *ce fils spiri-*
tuel que Dieu lui élève en France, viendra
recueillir les fruits d'une terre qu'il arrose
pour lui de ses sueurs , et de sueurs de
sang quelquefois. Il aspire de tous ses vœux
au moment où il le verra croître et lui di-
minuer; il redit souvent avec saint Jean-
Baptiste : « Il en viendra un autre après
» moi, qui sera plus grand que moi et dont
» je ne suis pas digne de délier les sou-
» liers…. Il est né , s'écria-t-il un jour ,
» il a 7 ans et étudie chez les Jésuites ,
» et il est du diocèse de Rennes….. Il
» viendra , et ce que vous n'entendez
» pas maintenant, il vous le fera com-
» prendre. » Lorsqu'il sait que ce fils tant
désiré est enfin à Quimper , ce saint
vieillard part aussitôt et veut voir *de ses*
yeux celui que le Seigneur doit envoyer
pour le salut des pauvres peuples de Cor-
nouailles

nouailles. — Plus tard il devient son
maître et dirige ses premiers pas dans
la voie difficile des missions ; il partage
ses premières épreuves et lui enseigne
comment le prêtre dévoué à la conversion des âmes surmonte tous les obstacles par l'obéissance et l'humilité. Pendant 10 ans, il suit, par les conseils de
l'affection la plus tendre, celui qui annonce le royaume de Dieu sur une terre
que désolent l'ignorance et la superstition,
et il a la consolation de ne fermer les
yeux qu'après avoir vu commencer la
sainte ligue des missionnaires qui , sous
la direction expérimentée du P. Maunoir,
devaient changer en un jour pur et éclatant les ténèbres épaisses de la Bretagne.

Le P. Maunoir était né au contraire dans
une condition humble et d'une famille
peu fortunée. Quoique doué de talents
peu ordinaires , tout en lui composait un
ensemble plus solide que brillant, et la
Providence sembla s'attacher à le former avec une sorte d'amour à l'œuvre si

importante et si pénible pour laquelle
elle l'avait choisi. Elle mit dans son corps
une force que 42 ans de fatigues inouïes
purent seuls briser ; elle donna à sa volonté une incroyable énergie , et elle
remplit son intelligence de cette lumière
précieuse et rare , qui, accessible à tous,
rayonne sur le pauvre et l'ignorant aussi
bien que sur l'homme riche et instruit.
« Son éloquence de missionnaire sus-
» pendait, pendant des heures entières,
» à sa parole toujours simple et com-
» mune , un auditoire immense composé
» de prélats, de savants , d'hommes du
» peuple, de paysans, de gentilshommes,
» de pécheresses publiques et d'âmes
» privilégiés de Dieu ; tous l'entendent
» et le comprennent bien au-delà du
» rayon où la voix humaine peut attein-
» dre ; tous l'admirent, pleurent leurs
» péchés , promettent de mieux vivre et
» changent en effet. C'est un miracle que
» Dieu fait ; mais il ne le fait au milieu
» de nous que par lui. » Telles étaient
» les paroles d'un sav et pieux doc-

teur de Sorbonne, M. de Meur, qui venait de passer trois heures, sous une pluie battante, à l'écouter avec une foule innombrable.

La douceur incomparable du P. Maunoir et sa patience sans bornes, étaient ses armes pour déjouer les intrigues et la persécution par lesquelles on essaya mille fois d'entraver ses desseins. Comme celui dont il était un si fidèle imitateur, *il ne brisait point le roseau à demi-rompu* et il *n'élevait point la voix sur les places publiques* pour se défendre; il s'inclinait sous la main de toute autorité ecclésiastique ou civile, parce que toute *puissance vient de Dieu.* On déféra sa doctrine en Sorbonne pour la faire condamner, et il se tut: la Sorbonne l'approuva, et il se tut encore : des évêques prévenus lui retirèrent les pouvoirs d'exercer le ministère dans leurs diocèses; sans se plaindre, il s'éloigna, et il revint au moindre signe de leur volonté mieux inspirée. Un seul point fut respecté dans son caractère, comme en celui de Jésus-Christ : confor-

mité sainte, épreuve certaine de son
exacte modestie dans ses rapports jour-
naliers avec des personnes de toute condition et de tout âge. Son zèle, siar-
dent qu'il fût, n'offrit jamais l'apparence
de la rudesse ni de l'imprudence ; son
humilité, à toute épreuve, semblait au
pieux évêque Baltazar Grangier plus merveilleuse encore que ses miracles et que
les conversions de son apostolat. (1)

Toutes les vertus se balançaient dans
l'âme du P. Maunoir avec une si parfaite harmonie qu'elles répandaient sur
son extérieur un charme secret et puis-
sant qui attirait vers lui jusqu'aux esprits
les plus prévenus. Dans les sept évêchés
de la Bretagne, théâtre de ses fatigues,
on le voit en relation avec toutes les personnes véritablement animées du désir de
travailler au règne de Dieu sur la ter-

_____

(1) M. de Kerlivio disait n'avoir trouvé que deux
hommes dont l'âme fût constamment égale en douceur et en humilité. Dans le bon et le mauvais succès, dans l'honneur et l'abjection, jamais il ne les
avait vus perdre la paix extérieure ou intérieure.—Ces
deux hommes étaient les Pères Rigoleuc et Maunoir.

re (1) ; elles convergent vers lui comme vers un foyer d'où émanent les douces chaleurs de l'amour divin dont il est embrasé : ses conseils , ses bénédictions , sa présence consolent , guérissent , soutiennent , dirigent , *comme si une vertu était sortie de lui.*

(1) Il serait impossible de nommer ici toutes les personnes de piété avec lesquelles le P. Maunoir eut des rapports de zèle et d'intimité. Parmi ses propres frères, les membres de la société de Jésus , son histoire nous le montre particulièrement lié avec les P. Bernard et Martin, ses fidèles compagnons de missions; avec le P. Thomas, avec le P. Rigoleuc, avec les Pères Huby et Gégou de sainte mémoire, recteurs du collége de Quimper; le premier, auteur d'écrits estimés, zélé promoteur des œuvres de l'adoration perpétuelle et des maisons de retraite dans tout le monde chrétien ; le second, coopérateur du P. Maunoir dans l'établissement de la maison de retraite de Quimper ; enfin avec les P. Bagot, Salleneuve, etc. La vie de presque tous ces religieux de la société a été écrite et nous y renvoyons le lecteur ainsi qu'aux vies édifiantes des pieux fidèles dirigés par le P. Maunoir : Yves Le Goff, MM. de Pratylas , Du Houx , Picot, etc. , Marie-Amice Picard , Catherine Daniélou. *Voir la vie du P. Maunoir par le P. Boschet , en les 4ème et 5ème volumes de la Vie des Saints de Bretagne , publiés par l'abbé Tresvaux en 1838.*

Il réconcilie les ennemis ; il fait renaître
l'union dans toutes les familles divisées
où il entre ; la noblesse le respecte ,
les évêques le consultent , le peuple le
bénit , et , dans plus d'une circonstance,
son empire sur les esprits parut plus
qu'humain ; lorsque, par exemple, appelé
par les autorités de la Province , pour calmer l'effervescence populaire qu'avaient
justement soulevée les édits de Louis xiv,
sa voix eut assez de puissance pour obtenir des paysans bretons , décidés à résister jusqu'à la mort , la soumission aux
ordres du roi....... Ces sentiments de
vénération suivirent le P. Maunoir jusque
dans son tombeau que l'isolement sauvage des lieux où il mourut n'empêcha point
d'être honoré par la reconnaissance des
plus grands de la Province , comme des
plus pauvres, et où l'on vit bientôt la Comtesse de Lannion venir , dans un somp-
tueux équipage, offrir ses actions de grâce,
là où la mendiante Françoise Peschard
promettait d'envoyer *sa meilleure chemise*. Touchant et unanime concert de

bénédictions! Pour être ainsi l'homme de tous, il faut être, avant tout, l'homme de Dieu!

Mais l'œuvre où se montre dans son plus beau jour cette influence sage et puissante que le P. Maunoir exerçait sur les esprits, fut la formation de ce corps de zélés missionnaires avec lesquels il renouvela la Bretagne; il sut discerner et choisir cette vaillante troupe d'élite au milieu d'un clergé que tous les mémoires du temps nous montrent ignorant de ses devoirs et livré à la plus désolante oisiveté; il sut communiquer à ces prêtres quelque chose de son âme courageuse et les former, pour ainsi dire, à sa propre image, en les rendant capables de renverser l'empire de l'enfer dans une vaste Province. Parmi ces missionnaires, auxquels vinrent plus d'une fois se joindre les évêques eux-mêmes comme simples collaborateurs, il se trouvait des ecclésiastiques distingués par leur science; quelques-uns appartenaient aux premières familles de la Bretagne; d'autres avaient occupé dans le monde des places honorables ; tous étaient sans cesse en contact les uns avec les autres , avec leurs caractères différents, avec des occasions nombreuses de rivalité , et sans autre loi qu'une mutuelle charité. Est-il possible de ne pas reconnaître une grâce toute spéciale en celui qui maintenait dans une réunion ainsi composée une affection si vraie, *que, sur mille , un seul le quitta,* et encore revint-il ensuite plus cordialement dévoué que s'il ne l'avait pas quitté ?

O sainte union des cœurs fidèles et des ministres d'un Dieu de paix ! sceau véritable apposé par J.-C. sur ceux qui sont réellement ses disciples, qui viendra encore établir votre règne sur la terre pour y préparer celui de Dieu ?

Tel a paru dans la Bretagne , il y a deux siècles , le P. Julien Maunoir. Les Bretons crurent à des enseignements qu'accompagnaient tant de vertus jointes à tant de miracles ; et ils le témoignèrent par leur retour à une vie pure et chrétienne. Puisse la nouvelle publication des prodiges opérés autrefois par le P. Maunoir ranimer le souvenir de ses travaux dans notre Province, et puisse ce souvenir n'être pas stérile ! Que ses traces bénies, suivies toujours par les enfants de saint Ignace, excitent leur zèle en même temps que leur admiration. Cette terre de Bretagne arrosée par les sueurs de leurs pères dans la foi n'a pas été ingrate, et elle a protesté plus d'une fois par sa reconnaissance contre l'injustice de leurs persécuteurs. Que les pasteurs des nombreuses paroisses où le saint missionnaire fit revivre la foi et la vertu resserrent, de plus en plus, à l'exemple de leurs prédécesseurs témoins ou coopérateurs de son zèle, les liens sacrés de la charité pour arrêter, par une digue vivante, l'envahissement des mauvaises doctrines plus funestes encore que l'ignorance.

Après tant de révolutions et au milieu de tant de débris épars, il subsistera toujours pour certaines familles un magnifique privilège: celui de pouvoir reconnaître dans l'histoire les noms de leurs an-

cêtres illustrés par les œuvres de la foi
et de la piété, non moins que par les services rendus au pays dans la magistra-
ture ou dans la guerre. L'ouvrage que
nous réimprimons renferme un grand
nombre de ces noms : plaise à Dieu qu'en
parcourant ces pages, plusieurs retrou-
vent, dans des souvenirs qui sont pour
eux un héritage non sans gloire, une bonne pensée et une inspiration généreuse.

Mais, en réimprimant ce livre, nous
avons surtout pensé à ceux que le P.
Maunoir préférait à tous les autres, comme
les membres les plus aimés de J-C; à ceux
qui, plus riches des dons de la foi que de
ceux de la fortune, ont le mieux conservé la mémoire vénérée de *leur* missionnaire. Notre nouvelle édition ne sera
ni richement ornée ni volumineuse, afin
qu'elle puisse plus facilement trouver sa
place dans la demeure des pauvres et que
sa lecture, plus générale, contribue mieux
à renouer la chaîne des innombrables
prodiges opérés autrefois à Plévin, aux
prodiges que la confiance peut y obtenir
encore de nos jours.

A MESSEIGNEURS

DES ÉTATS DE BRETAGNE.

MESSEIGNEURS,

L'estime universelle que l'on a dans toute cette province, et surtout dans la Basse-Bretagne, pour le R. P. Julien MAUNOIR, de la compagnie de Jésus, me donne lieu d'espérer que vous recevrez avec plaisir le RECUEIL DE SES VERTUS ET DE SES MIRACLES, que j'ai l'honneur de vous présenter; plusieurs de vous l'ont pu connaître et pratiquer, et je suis sûr qu'ils ont admiré son zèle infatigable, sa douceur, son humilité et ses autres vertus éminentes. La mort, qui efface le souvenir des actions les plus éclatantes des héros, ne fera jamais oublier à la postérité les grands biens que le R. P. Maunoir a faits dans cette province : les fruits de ses missions et de ses miracles en rafraîchissent continuellement la mémoire. Trente-deux ans écoulés depuis sa mort ont été marqués par quantité de prodiges qu'il a faits chaque année : le Ciel se déclare en sa faveur, et chacun à l'envi publie ses rares vertus.

Il y a plusieurs familles distinguées dans cette province, qui ont ressenti les effets de son pouvoir auprès de Dieu. Vous ne serez point fâchés d'entendre raconter une partie de ces prodiges, dont j'ai des attestations authentiques ; j'en passe sous silence un plus grand nombre que je n'en cite : ceux-ci suffiront pour vous confirmer dans la haute estime que vous avez de ses mérites et de son crédit auprès du Seigneur.

Un jour viendra que vous pourrez donner de plus grandes marques de la vénération que vous avez pour ce fidèle serviteur de Dieu, qui a beaucoup contribué à maintenir dans cette province la pureté de la foi, qui a instruit les peuples, réformé les mœurs et élevé, avec le secours du Ciel, des âmes vertueuses à la plus haute perfection.

Que d'ecclésiastiques n'a-t-il pas encouragé au travail et animé par ses discours et ses exemples ! Que de personnes de grande considération n'a-t-il pas conduit par ses sages conseils dans les voies les plus pures des solides vertus ! Que de pécheurs lui doivent leur salut ! que de malades leur guérison et que d'affligés leur consolation !

Ce zélé missionnaire est né dans la Bretagne ; il s'y est sanctifié et il en a sanctifié une infinité d'autres ; sa vie, pleine de mérite, a été terminée par une mort précieuse devant Dieu. Cette province , distinguée par plusieurs autres titres , est recommandable par sa religion , qui n'a souffert aucune altération depuis qu'elle a reçu les lumières de l'Evangile. Les erreurs qui ont infecté des provinces et des royaumes entiers , n'ont ici jamais prévalu à la vérité.

La droiture, la bonne foi, la constance dans les pratiques de piété en font le caractère ; et je puis dire que, dans le dernier siècle, le P. Maunoir n'a point peu contribué à la préserver de la corruption de la doctrine et des mœurs. Il y a employé plus de quarante-deux ans dans des travaux continuels ; il y a formé plusieurs zélés ecclésiastiques, et il a confirmé sa mission par plusieurs miracles qu'il a faits pendant sa vie et après sa mort. Les informations juridiques qu'on en a faites ne permettent point d'en douter.

Des évêques d'un mérite distingué qui paraissent avec éclat dans votre illustre assemblée, ont pris toutes les précautions possibles, pour vérifier une partie de ces miracles ; des commissaires députés par d'autres évêques ont fait plusieurs autres informations avec un soin extrème, et vous conviendrez aisément qu'il y aurait de la témérité et même de l'impiété à dire que tant de personnes vertueuses et éclairées voudraient autoriser de faux miracles.

Depuis trente ans que je travaille dans les missions que le R. P. Maunoir a établies en Bretagne, avec une prudence admirable et un succès prodigieux, l'on me parle partout de ses vertus héroïques et de ses miracles évidents. Tout ce qu'il y a de missionnaires dans cette province le regardent comme leur père. Souffrez que l'un de ses enfants vous présente ce Recueil sincère de ses vertus et de ses miracles, et que la Compagnie de Jésus, dont il était membre, vous témoigne par ce petit ouvrage sa parfaite reconnaissance, et permettez-moi de vous donner cette marque publique du profond respect, avec lequel j'ai l'honneur d'être,

MESSEIGNEURS,

Votre très-humble et très-obéissant serviteur,

G. LE ROUX,

De la Compagnie de Jésus.

Approbation de Mgr l'Evêque de Quimper et comte de Cornouaille.

Après avoir été témoin oculaire des vertus du R. P. Julien Manoir, de la Compagnie de Jésus, et avoir examiné avec toute l'exactitude possible quelques-uns de ses miracles, nous accordons volontiers notre approbation à ce Recueil, que le R. P. Le Roux, de la même Compagnie, donne au public, et nous permettons que cet ouvrage soit imprimé. Nous exhortons en même temps notre peuple à profiter des beaux exemples de vertus que lui a donné ce zélé Missionnaire, qui a travaillé avec beaucoup de fruit dans notre diocèse, et qui y a fini ses travaux apostoliques, par une mort précieuse devant Dieu. Donné à Quimper, dans notre palais épiscopal, le 22 janvier 1715.

FRANÇOIS-HYACINTHE,

Evêque de Quimper, (Mgr de Plœuc, de 1707 à 1739).

Permission du R. P. Provincial.

Je soussigné, Provincial de la Compagnie de Jésus, en la province de France, permets au P. Le Roux, selon le pouvoir qui m'en a été donné par notre R. P. Général, de faire imprimer le *Recueil des vertus et des miracles du P.* Maunoir, de la même Compagnie, qu'il a composé et qui a été approuvé par trois théologiens de notre Compagnie; en foi de quoi j'ai signé. Fait à Paris, le 21 de janvier 1715.

ISAAC MARTINEAU.

ans cette nouvelle édition , on a reproduit fidèlement
le travail du P. Le Roux , sauf de légères corrections de
style et quelques répétitions qu'on a cru devoir retran-
cher. Quant aux miracles qui , dans la première édition,
se trouvent racontés au nombre de 300, on a fait un
choix , espérant ainsi éviter au lecteur la fatigue que
l'on éprouve en lisant cette dernière partie du livre du
P. Le Roux. Il a dit lui-même « que trois ou quatre mi-
» racles bien prouvés témoignent aussi bien que cent
» du crédit du serviteur de Dieu dans le ciel. »

Si quelqu'un était curieux de confronter le texte de
la première édition avec celle-ci , il trouverait l'ouvrage
du P. Le Roux , imprimé en 1716, à la bibliothèque de
l'évêché de Quimper , où l'a fait déposer le savant que
nous croyons être de nos jours le plus profondément
versé dans l'histoire de Bretagne, M. le comte de Blois,
à l'obligeance duquel nous devons cette vie du P. Maunoir , devenue excessivement rare.

RECUEIL DES VERTUS

DU R. P. JULIEN MAUNOIR,

De la Compagnie de Jésus.

———◆———

Dans le dessein que j'ai formé de donner au public un recueil des miracles que le R. P. Julien Maunoir, de la compagnie de Jésus, a faits, surtout après sa mort, il me semble qu'il est nécessaire pour donner une haute idée de son pouvoir auprès de Dieu, de faire voir que toute sa vie a été pleine de merveilles, et qu'il s'est autant distingué par ses vertus que par ses miracles. C'était un homme apostolique que Dieu a perfectionné dans les vertus les plus sublimes, et qu'il a favorisé des dons du ciel propres à sanctifier une infinité de personnes par son ministère. Le Seigneur l'a instruit lui-même, et lui a servi de guide dans la vie spirituelle, afin qu'il pût instruire dans la suite la province de Bretagne, qui avait une extrême besoin de son secours, et qu'il pût diriger plusieurs âmes dans les voies de Dieu.

1

Je n'entreprends pas d'écrire sa vie que le
P. Boschet, de la même compagnie, a mise au
jour, après avoir pris toutes les précautions
possibles, pour ne point se tromper dans les
faits qu'il devait raconter. Mais je dois donner
un léger crayon des vertus de notre zélé missionnaire, que nous reconnaissons tous comme
notre père et patriarche : il est en vénération
dans toute la Bretagne, dont il a été l'apôtre,
et quoiqu'on ne l'appelle pas saint, jusqu'à
ce que le saint Siége l'ait déclaré tel, l'on a recours à lui comme à un grand serviteur de Dieu.

Maunoir naquit au bourg de Saint-George de
Raintambaut, dans le diocèse de Rennes, le
premier jour d'Octobre 1606. Sa naissance
avait été prédite par M. Le Nobletz (1) plusieurs années auparavant : Dieu l'avait promis
comme une lumière qui devait éclairer toute
la Bretagne, et voulait par là disposer les esprits à profiter de ses instructions, quand il
commencerait à paraître. Ses jeux d'enfants
étaient d'assembler ses camarades, de les ranger en procession deux à deux, de leur réciter
les prières qu'il savait. Croissant en âge, il
crut en sagesse et en grâce. Au collége de Rennes, où il étudia avec succès, il se distingua
autant par sa vertu que par le progrès qu'il fit
dans les belles-lettres. Ses conseils salutaires et

les exemples de sa vie engagèrent plusieurs de ses compagnons à la piété : il les portait à la pratique des vertus qui convenaient à leur âge. Sa dévotion envers la sainte Vierge était tendre, et une grande partie du temps qu'il n'employait pas à l'étude, se passait et à la congrégation et aux autres églises. Il paraissait dès lors que Dieu avait de grandes vues sur lui, et qu'il le destinait à la vie apostolique; sa pudeur ne pouvait souffrir une parole peu décente; sa modestie dans l'Eglise inspirait de la dévotion à ceux qui le voyaient : il savait déjà faire oraison, et le Saint-Esprit le prévenait de tant de grâces, que ses directeurs admiraient l'union continuelle qu'il avait avec Dieu, et les motifs dont il relevait jusques aux moindres de ses actions. Le témoignage que les Pères du collége donnèrent de son érudition et de sa piété, engagèrent le R. P. Cotton, provincial, à le recevoir dans la compagnie de Jésus. On ne peut exprimer la joie que ressentit le jeune Maunoir, quand il se vit au comble de ses désirs. Le zèle qu'il avait pour le salut des âmes et pour sa propre perfection lui inspirait un mépris général des grandeurs humaines, et le portait à choisir un ordre où il pût travailler à gagner des âmes à Dieu.

Quand il fut arrivé et reçu au noviciat, il ne

pensa plus qu'à contenter le penchant qu'il avait pour la retraite et la vie intérieure : il se regardait comme dans un lieu de délices, où la vue de ses frères qu'il considérait comme des anges, les exercices continuels de piété pour lesquels il avait beaucoup d'attraits, les sentiments intérieurs de dévotion auxquels il se plaisait, l'obligeaient de remercier Dieu continuellement des grâces qu'il lui accordait. Il se portait avec une ferveur extrême à toutes les observances de la vie religieuse, sans en omettre la moindre : il marchait sans cesse en la présence de Dieu et il en était tout occupé : il observait avec soin tout ce qui se passait dans son intérieur ; il écrivait les bons sentiments que Dieu lui inspirait, afin qu'il pût s'en servir dans la suite pour s'avancer dans la perfection : il a toujours conservé ces papiers, où il s'était formé une règle de vie qu'il a observée fidèlement le reste de ses jours : on les a trouvés après sa mort, et je les garde avec respect, comme une preuve incontestable de la solide vertu du jeune P. Maunoir, qui, dès son noviciat, avait fait de grands progrès dans la perfection. Le P. Boschet a mis à la fin de la vie du P. Maunoir une partie de ces bons sentiments. Je n'en parle point ici.

Après son noviciat, le P. Maunoir fut envoyé étudier la philosophie à la Flèche. L'ardeur qu'il avait pour l'étude ne diminua rien de l'application qu'il avait à la vie intérieure ; chaque chose avait son temps ; ses exercices de dévotion avaient pour lui un goût qu'il préférait à tout autre attrait ; il se faisait un point de conscience de s'avancer dans l'étude , et il y réussissait extrèmement : ses succès cependant n'inspiraient point de jalousie aux autres; car il était si modeste , qu'il leur donnait volontiers la préférence dans toutes les occasions , il en parlait avec estime et il les aimait comme ses frères.

Il soutint sa thèse de philosophie avec applaudissements , sans que cela diminuât rien des sentiments d'humilité qu'il conservait toujours : on ne savait ce que l'on devait admirer le plus dans lui , ou la vivacité de son esprit quand il en fallait donner des marques, ou la retenue qui paraissait dans toute sa conduite.

Nous avons encore dans ses écrits les sentiments de dévotion que Dieu lui donna pendant son cours de philosophie : c'est quelque chose d'admirable , et il paraît que Dieu gouvernait ce jeune homme et l'élevait dans la science des saints. (*)

_____

(*) Voir la Vie du P. Maunoir , par le P. Boschet.

De la Flèche il fut envoyé à Quimper, professer la cinquième. Je parlerai peu du temps de sa régence, où il s'appliquait autant à sanctifier ses écoliers qu'à leur enseigner le latin : c'était là ce qu'il regardait comme sa mission, à la réserve des dimanches et fêtes ; car ayant, par l'intercession de la sainte Vierge, appris le bas-breton dans l'espace de huit jours, ce que les autres ne peuvent apprendre dans des années entières, il allait faire le catéchisme dans les paroisses voisines, et Dieu bénissait ses travaux ; outre qu'il enseignait les principes de la foi, il convertissait plusieurs personnes et les engageait à faire pénitence.

Il est vrai que le P. Maunoir soupirait encore, comme au noviciat, pour les missions du Canada ; soit qu'il crût que ces peuples barbares avaient encore plus besoin de secours que les Bretons ; soit qu'il s'imaginât qu'il y trouverait plus à souffrir, ou qu'il espérât y remporter la couronne du martyre. Il fallut, pour l'arrêter en Bretagne, et les sollicitations du P. Bernard, et la visite de M. Le Nobletz, et une grande maladie que Dieu lui envoya à Bourges. Tant il est vrai que Dieu ne fait pas d'abord connaître tous ses desseins aux âmes les plus élevées : mais il les y dispose peu à peu

et il les conduit insensiblement à l'accomplissement de ses volontés.

M. Le Nobletz, persécuté à Douarnénez, à
quatre lieues de Quimper, se voyait sur le
point d'être renvoyé du diocèse ; il demandait
à Dieu avec instance un successeur ; il eut révélation que c'était le plus jeune jésuite du
collége ; rempli de joie, il le vint voir, il
l'entretint de la vocation de saint Pierre et de
saint André à l'apostolat ; il lui parla de la
promptitude qu'ils avaient eue à suivre la voix
de Dieu ; et il se retira fort content de sa visite.

Les fatigues de la régence, les instructions
fréquentes que le P. Maunoir faisait dans les
paroisses voisines de Quimper, ses études et
ses exercices de dévotion altérèrent sa santé et
l'obligèrent à changer d'air : il fut envoyé à
Tours, où il se rétablit peu à peu ; après y avoir
professé la troisième, ses supérieurs jugèrent
à propos de l'appliquer à l'étude de la théologie : il édifiait tout le monde partout où il allait, et quelque soin qu'il prît de cacher sa
vertu, elle lui attirait l'estime de tous ceux
qui le connaissaient. Il employa les quatre années qu'il passa à Bourges à se perfectionner
dans la vertu et dans les sciences : il s'adonna
plus que jamais aux exercices de la vie intérieure : il goûtait à loisir les consolations que

Dieu lui donnait ; mais c'était sans s'y attacher. Ses mortifications, son recueillement, sa régularité attiraient sur lui les insignes faveurs dont le Seigneur le comblait. Nous avons quelques fragments des grands sentiments de dévotion qu'il ressentait, surtout à la vue de la prêtrise, à laquelle il se prépara pendant trois ans entiers. Un homme destiné aux autels, disait-il, ne doit penser qu'aux choses divines : loin de moi toute vaine joie, tout entretien inutile, toute satisfaction humaine. Son feu l'eût consumé dans sa retraite continuelle, si les instructions qu'il allait faire à la campagne n'eussent donné un peu de nourriture à cette flamme divine.

Ce fut après une de ces instructions, que, plein de foi, il fit mourir toutes les chenilles qui désolaient la campagne dans la paroisse de Saint-Martin, à quatre lieues de Bourges ; il prit un bénitier, se fit suivre par les paroissiens qui priaient Dieu, et jetant de tous côtés de l'eau bénite, il purgea la paroisse de ces insectes, dont le lendemain il n'en restait pas un seul en vie, quoique les autres paroisses en fussent fort endommagées. Sa foi était vive et telle qu'il faut pour faire des miracles.

L'éloignement de la Basse-Bretagne avait donné lieu aux anciennes idées du Canada de

revenir : il avait compassion de ces barbares
idolâtres, qui n'avaient point alors les secours
qu'ils ont eus depuis. Mais les lettres que le P.
Bernard lui écrivait de Quimper l'empêchaient
de se déterminer. Une grave maladie qui lui
survint, l'engagea à faire vœu de passer ses
jours dans les missions de Bretagne. Dans cette
maladie, la gangrène était sur le point de saisir
le cœur, elle avait fait à l'aisselle un trou dont
on avait de la peine à trouver le fond avec la
sonde ; les médecins jugeaient son mal incurable et l'avaient abandonné ; ses frères étaient
pénétrés de douleur à la vue de sa mort pro-
chaine : il reçut le saint viatique la veille de
Noël, prêt à sacrifier sa vie à Jésus naissant ;
ensuite, il sommeilla un peu, et il songea qu'il
portait sur ses épaules un paysan de Cornouaille, comme saint François Xavier avait
songé qu'il portait un Indien ; à son réveil, il
crut que Dieu le destinait aux missions de
Bretagne et il fit vœu de s'y employer le reste
de ses jours. Dès le lendemain matin, la gangrène avait cessé, et il recouvra très-promp-
tement sa santé. M. Le Nobletz avait prédit
cette maladie deux ans auparavant, et cette
guérison subite qui donnerait le P. Maunoir à
la Bretagne. Ce qui me fait dire que Dieu a
tenu un conduite toute miraculeuse à l'égard

1*

du P. Maunoir son fidèle serviteur, qu'il destinait à nos missions et qu'il sanctifiait tantôt
par des épreuves, tantôt par des consolations
extraordinaires : l'on avait prédit sa naissance, sa venue à Quimper (*), sa maladie de

(*) M. Le Nobletz n'avait pas seul prédit la mission
du P. Maunoir. La première mission que fit le P. Maunoir
à Mûr, commençait sous des auspices très-peu favorables. Le peuple y était extrêmement grossier et les gentilshommes plus opposés que partout ailleurs aux exercices religieux ; en sorte que le P. fut extrêmement surpris de voir que, dès le second jour, il se trouva obligé de prêcher en plein air, tant l'affluence était grande.
Son étonnement s'accrut encore, lorsque éclata une explo-
sion générale de joie, à la vue de ses tableaux énigmatiques et de la baguette blanche avec laquelle il en indi-
quait les figures. On lui expliqua ensuite que la cause
de ces transports était l'accomplissement de la prophétie d'un ancien curé de Mûr, nommé D. Briant, homme d'une éminente vertu et grand prédicateur. Rebuté
du peu de fruit de son zèle, il s'écria, un jour en finissant
un de ses derniers sermons : « Ne changerez-vous ja-
» mais de vie? serez-vous toujours rebelles aux lumières
» et aux sollicitations de l'Esprit Saint? Non ! vos cœurs,
» à présent plus durs que la pierre, s'amolliront enfin
» comme la cire. Il viendra après moi des prédicateurs
» qui catéchiseront avec des baguettes blanches, ils re-
» présenteront sur la terre les anges et la félicité du
» ciel : ils apporteront Rome à votre porte et alors vous
» vous convertirez. » On voyait la baguette blanche et la
main du saint missionnaire; la bulle d'indulgence plénière
de la mission apportait les faveurs de Rome à leur porte ; sous leurs yeux, de jeunes enfants avaient repré-

Bourges, sa guérison, sa vocation aux missions : Dieu l'a fait annoncer comme un saint du premier mérite.

Le P. général agréa le vœu du P. Maunoir qui ne pensa plus qu'à se mettre en état de contenter son zèle dans l'emploi auquel Dieu l'appelait. Son application à la vie intérieure et les instructions qu'il faisait à la campagne ne l'empêchaient pas de s'avancer dans l'étude de la théologie : il s'y distinguait même, et il fut ensuite profès de la compagnie de Jésus. Je passe sous silence le peu de temps qu'il fut à Nevers après sa théologie, et même son troisième an de noviciat, où il fut tout occupé de Dieu. On peut concevoir les douceurs qu'il goûta dans cette solitude, lui qui, dans ses occupations extérieures, était si pénétré de dévotion. Je ne parle point des missions qu'il fit après Pâques, en Normandie, dans l'une desquelles il réconcilia un mère opiniâtre avec son fils, en la recommandant à son ange-gardien.

seuté les anges à la procession générale de Saint-Mayeux. Tous voulurent contribuer à l'accomplissement de la prophétie dont ils reconnaissaient l'évidence. Mgr de Quimper vint lui-même travailler à cette mission où le nombre des pénitents fut incroyable. Une conversion totale et solide confirma la dernière partie de la prédiction de D. Briant.

Il est temps que nous le voyions retourner en Bretagne, comme un apôtre destiné de Dieu pour retirer ce pays des plus grossières ténèbres de l'ignorance : il y vint plein de zèle et de courage pour y exercer l'emploi de missionnaire, que le R. P. Mutio Vitelleski lui avait donné : il arriva à Quimper l'an 1640, il mourut à Plévin l'an 1683. On est surpris de voir comment il a pu résister, pendant plus de 42 ans, aux fatigues d'une si rude mission, et comment il a surmonté tous les obstacles qu'il a rencontrés dans son emploi. Il n'y a que la main toute-puissante de Dieu qui l'ait pu soutenir dans les contradictions qu'il a trouvées, et lui donner les succès au milieu desquels il est mort. Pour comprendre ce prodige, il est bon de remarquer l'etat où il a trouvé la Bretagne et celui où il l'a laissée à sa mort.

Quand il arriva en cette province, le peuple y vivait dans une ignorance extrême des mystères de la religion : à sa mort, il se faisait des instructions partout, et celles qu'il avait faites pendant 42 ans, avaient banni l'ignorance de la province. Les jeunes gens qui avaient assisté à ces missions, savaient parfaitement leurs prières et le catéchisme. A son arrivée, les superstitions diaboliques étaient très-communes, et le démon abusait de l'ignorance du

peuple : avant sa mort, il avait détruit l'empire
de Satan , auquel il avait déclaré une guerre
si ouverte, qu'il le poursuivait partout où il osait
paraître. Quand il commença ses missons, l'on
profanait les dimanches et les fêtes par des
jeux dissolus , des danses scandaleuses pendant l'office , et souvent même pendant la
nuit ; en mourant , il laissa les paroisses ré-
formées ; on assistait à l'office , on fréquentait
les sacrements , on faisait la prière publique
dans les familles : et en plusieurs paroisses, on
la faisait publiquement à l'église après vêpres.
On ne chantait que des chansons profanes et
sales, quand , pour les abolir, il composa des
cantiques spirituels ; lorsqu'il mourut on
chantait partout ses cantiques , et ce chant
dévot faisait le plaisir de la jeunesse. Les discours impurs étaient fréquents et la corruption grande , quand il commença à inspirer
une horreur extrême de ce vice : lorsqu'il alla
recevoir la récompense de ses travaux , l'on
n'aurait pas souffert dans une paroisse une personne scandaleuse, et l'on eût imposé silence à
celui qui eût osé prononcer une parole indé-
cente. L'on ne savait ni faire oraison, ni se préparer à bien recevoir les sacrements , quand il
entreprit de former le peuple à la piété : sur la
fin de sa vie , il y avait plusieurs personnes

vertueuses qu'il avait élevées à la pratique de la
méditation et à la vie intérieure ; il y en avait
même d'une perfection admirable et dont la
vie, si elle était imprimée, donnerait beaucoup d'édification au public. Il ne se faisait
presque aucun sermon dans les paroisses de
la campagne, quand il forma les missionnaires
à parler en public, et le peuple se plaisait dans
son ignorance; quelques années avant sa mort,
il se faisait des sermons dans toutes les paroisses, non-seulement pendant le carême, mais
encore plusieurs fois l'année ; et l'on peut dire
qu'il n'y a point de province dans le royaume,
ni peut-être dans le monde, où il se fasse tant
de sermons au peuple, et d'une manière plus
pathétique et plus instructive : le peuple s'y
laisse toucher, et il est aussi tendre aujour-
d'hui à la dévotion, qu'il était autrefois obstiné
dans son ignorance. Je ne dis que ce que je
vois tous les jours, et la joie que j'en ai, me
fait bénir Dieu des grands fruits des missions
du P. Maunoir.

Il n'y a point d'homme de bons sens qui ne
se voie obligé d'avouer que le P. Maunoir a
été un homme véritablement apostolique ; s'il
veut faire réflexion que, sans aucun secours
humain que celui que la Providence lui fournissait, il a détruit les cabales qui s'étaient éle-

vés contre lui, il a gagné les personnes les
plus opposées à ses bons desseins, il a calmé
les tempêtes qui le menaçaient et apaisé les
orages dont l'enfer irrité essayait de l'acca-
bler.

Peut-être voudra-t-on savoir comment ce
missionnaire infatigable se comportait dans ses
missions : je l'expliquerai en peu de mots sans
retracer ici l'histoire de toutes en particulier.
Cet homme apostolique a changé de méthode
selon les temps et les circonstances où il s'est
trouvé : quand il était seul, il faisait d'une
manière, quand il travaillait de concert avec
une grande troupe de bons missionnaires, il
observait une autre méthode. Sa demeure ordinaire devait être au collége, il lui fallait un
compagnon, il avait besoin de l'approbation
des évêques, pour travailler dans leurs diocèses; de toute part, il se trouva de l'opposition;
un autre que lui aurait d'abord perdu courage :
la Providence divine aplanit les voies les plus
difficiles.

Le collége n'avait pas de quoi nourrir et habiller deux missionnaires au-delà du nombre
de personnes nécessaires qu'il devait entretenir : Dieu suscita quelques personnes charitables qui levèrent ces obstacles. Comment
trouver un compagnon à ce missionnaire infa-

tigable , qui n'entreprenait rien moins que de
parcourir à pied tous les ans, la plus grande
partie de la Bretagne, et d'y travailler sans
relâche depuis le matin jusqu'au soir. Le P.
Bernard (2) , âgé de 56 ans , fut appelé à ce
saint ministère , et s'y offrit avec beaucoup de
courage pour y finir sa vie dans le service de
Dieu. Comment avoir l'approbation et des
grands-vicaires de Quimper , où il n'y avait
point encore d'évêque (*) , et de Mgr Robert
Capif , évêque de Léon, qui s'y opposaient ouvertement par l'instigation de quelques personnes malintentionnées ? Dieu changea le cœur de
tous : les grands-vicaires , qui ne voulaient
point approuver la bulle des missions , parce
qu'ils regardaient cet emploi comme une nouveauté dans le pays , permirent cependant
aux deux Pères d'instruire et de confesser ,
parce qu'ils connaissaient le grand besoin que
le peuple en avait. Il n'en fallait pas davantage
au P. Maunoir pour commencer ses missions :
dans la suite il obtint le reste.

L'on avait persuadé à Mgr de Léon, qu'il
n'appartenait aux Pères jésuites que d'instruire
les écoliers ; on lui fit comprendre que l'un

_____

(*) M. De Lézonnet venait de mourir , et M. Du
Louet , qui lui succéda, ne fut sacré qu'en 1642.

de leurs principaux emplois est de faire des
missions , et d'aider tout le monde à se sauver. Les premières missions que l'on fit loin
de Quimper , se firent dans son diocèse. De
cette sorte, Dieu, qui éprouvait son serviteur,
par divers obstacles , les levait ensuite par une
conduite particulière de sa providence.

Si l'on me demande quel fonds avait le P.
Maunoir pour défrayer ses missions ? A cela
je réponds que la confiance seule en Dieu lui
suffisait. Un homme aussi mortifié qu'il l'était,
mangeait indifféremment de ce qui se présentait. Voici un trait qui fait juger de tout le
reste : ayant commencé , sans aucun prépa-
ratif la mission dans une paroisse, il y travailla le dimanche, jusqu'à près de midi, à
prêcher et à confesser sans discontinuation :
à la sortie de l'église, il dit au P. Bernard ,
son compagnon : « Allons dans les villages
» voisins voir si nous trouverons quelque
» nourriture. » Ils entrèrent chez des
paysans qui mangeaient avec de gros sel , sans
huile ni vinaigre , de grandes feuilles de
laitues par manière de salade; ces bonnes
gens invitèrent les Pères à prendre part à leur
maigre repas, et comme les Pères mangèrent
de bon appétit , et les remercièrent, ces
paysans , venant à vêpres et aux instructions

du P. Maunoir, racontèrent aux autres ce
qui s'était passé, leur disant : que les Pères n'étaient point délicats, et qu'ils mangeaient de ce qu'ils trouvaient ; cela encoura-
gea les autres : tous les jours quelqu'un
avait compassion d'eux et les venait prendre
à la sortie du confessionnal, pour leur donner un repas qui aurait paru fort dégoûtant
à des personnes sensuelles ; car nos paysans
se nourrissent fort mal. Par cet événement, ju-
gez du reste : manger de la bouillie et du
pain noir avec du beurre, et boire de l'eau,
c'était de quoi ne pas mourir de faim ; mais
cela ne fortifiait guère les missionnaires dans
leurs grandes fatigues. (*)

(*) Les premières missions du P. Maunoir eurent
pour objet : Ouessant, Molènes et Sizun, trois îles sé-
parées du continent par des récifs et des courants très-
dangereux. Les deux premières îles conservaient de leur
isolement, avec des mœurs pures, le souvenir de la présence de saint Pol Aurélien, qui y avait annoncé la foi, en
débarquant en Bretagne, dès le commencement du vie
siècle. Depuis lors, pas un évêque n'avait visité ce pauvre
troupeau abandonné, qui ne recevait pour pasteurs que
des prêtres peu capables de remplir ailleurs les fonctions
du saint ministère. L'île de Sizun, plus malheureuse
encore, sous le double rapport des secours spirituels et
de son sol aride et sauvage, n'avait point de prêtres.
Cette île avait recélé longtemps les derniers restes du
Druidisme. C'est l'île de Sein où résidait le collége des

Il est vrai qu'ils étaient quelquefois mieux nourris, ou chez des prêtres charitables, ou chez des gentilshommes qui avaient la charité

Druidesses vierges (étymologie de l'île des Saints). Les apôtres de la Bretagne étaient parvenus à renverser le culte de Teu à Sizun, mais l'absence des secours religieux n'avait pas permis au christianisme de régénérer le caractère sauvage de ses habitants, nommés *les diables de la mer*. La pêche, et des ruses cruelles pour attirer les vaisseaux, par des signaux trompeurs, sur leurs affreux rochers, afin de piller leurs débris ; tels étaient les uniques travaux des hommes de Sizun. Leurs femmes cultivaient un peu d'orge dans les rares parties de l'île, susceptibles de culture, elles recueillaient sur le rivage le *varec comestible*, suppléant à l'insuffisance du blé pour leur nourriture ; et les autres varecs qu'on desséchait à l'air, servaient à cuire les aliments. Pour atteindre cette terre inhospitalière, il fallait d'abord affronter une mer orageuse, dont les adages du pays signalent les dangers, ils disent : *Qui passera le Ras, périra ou tremblera*. Un autre formule en une touchante prière :

Doué, va sicourit evid tremen ar Raz ;
Rac va léstr so bihan ! hac ar môr so brâz !

O Dieu ! secourez-moi pour passer le Raz ;
Car ma barque est petite ! et la mer est bien grande !

La barque des Pères Maunoir et Bernard mit deux jours à faire le trajet de Douarnénez à Sizun. Ils y débarquèrent le matin du jour de la St-Louis et dirent la sainte messe aussitôt. Accueillis avec joie par les insulaires, leur étonnement fut au comble, quand ils entendirent chanter très-convenablement au lutrin tout ce que le chœur doit chanter à la grand'messe.

Depuis la mission du M. Le Nobletz dans cette île, les

de les recevoir à leur table. Quand , plus tard,
le Père avait avec lui plusieurs missionnaires,
leur ordinaire était meilleur et mieux réglé :

habitudes y avaient changé en bien , et le capitaine
de l'île , nommé François Le Sû, y réunissait chaque dimanche , les paroissiens à l'église , fort proprement ornée , pour y chanter tout ce que les fidèles pouvaient
dire de la liturgie. Le vendredi-saint, il leur faisait un
discours sur la passion du Sauveur, et maintenait partout , avec le bon ordre, un précieux germe de foi.

Cependant on peut juger de ce qui manquait à ce pauvre peuple pour connaître et pratiquer la religion. Les
Pères y firent une abondante et merveilleuse récolte spirituelle : leurs âmes surabondaient de joie, tout exté-
nués qu'ils étaient d'un pareil travail, n'ayant d'autres
aliments que ceux des pauvres gens de Sizun : du poisson
fumé , du gros pain d'orge , cuit sous la cendre de varecs , et de l'eau saumâtre pour boisson.

Voyant combien Dieu avait béni les soins pieux de
François Le Sû , le P. Maunoir eut l'idée de lui faire recevoir la prêtrise pour le rendre capable d'être le pasteur
de ses compatriotes, dont il avait été le guide si longtemps. L'humble pêcheur répondit qu'il y avait souvent
pensé ; mais n'osait se croire digne d'un tel honneur.
Amené sur le continent , par une grâce particulière , en
deux mois il eut acquis les connaissances nécessaires
pour être admis aux ordres sacrés ; il retourna dans son
île , où il mourut en odeur de sainteté, 7 ans après son
ordination. Depuis ce temps la vigilance des évêques de
Quimper n'a plus abandonné l'île de Sizun. Voulant y suivre les traces de Mgr Du Louët , Mgr Graveran a visité
ces pauvres insulaires, dont la foi constante et les mœurs
adoucies , témoignent encore du zèle de M. Le Nobletz
et du P. Maunoir.

ils mangeaient tous en communauté , et on lisait à table , comme l'on fait dans les séminaires.

Au commencement des missions , les deux Pères faisaient presque toujours leurs voyages à pied , et portaient leur sac sur leur dos : ils logeaient en chemin chez les personnes charitables qui avaient la bonté de les recevoir ; ils vivaient de ce que quelques personnes zélées leur fournissaient, pour aider à leur subsistance. Quand ils faisaient mission dans une paroisse , où on les demandait,. on avait soin de les loger et de les nourrir ; quand ils allaient d'eux-mêmes travailler dans quelque endroit où l'on avait besoin de leur secours , quoiqu'on ne les y demandât point , ils se confiaient en Dieu , qui prenait soin d'eux.

Les exercices de leurs missions étaient différents selon les différents endroits où ils travaillaient : le P. Bernard n'ayant jamais su assez de breton pour prêcher, tout le fardeau tombait sur le P. Maunoir qui , les dimanches et fêtes, parlait à la grand'messe et à vêpres, et faisait le catéchisme où il assemblait les petits et les grands. Les autres jours de la semaine, il faisait quelques sermons en public et le catéchisme, la prière du matin et du soir ; et, comme il passait le reste du temps au confes-

sionnal, où il faisait faire des confessions générales à presque tous ses pénitents, il se levait de temps en temps pour leur parler,
les aider à préparer leurs confessions, les exciter à la douleur de leurs péchés, et les engager à commencer une vie toute chrétienne :
dès qu'il avait cessé de les exhorter, il se re-
mettait à son confessionnal, où il restait jusqu'à
près de huit heures du soir, et quelquefois
plus longtemps : à peine prenait-il le temps
nécessaire pour manger à la hâte, et prendre
un peu de repos la nuit. L'on était surpris de
voir comment il résistait à une telle fatigue.
Le temps le plus doux et le plus agréable qu'il
eut, était celui qu'il employait à dire la messe
et le bréviaire, et à faire un peu d'oraison le
matin avant que la foule des pénitents fût arrivée, c'est-à-dire, avant quatre ou cinq heures. Le reste du jour, il était toujours uni à
Dieu, pour qui il entreprenait ce grand travail, et il ne le perdait jamais de vue.

C'est ainsi que le P. Maunoir a passé plusieurs années sans nulle consolation humaine,
mais plein des faveurs du ciel qui bénissait ses
travaux. Il parcourait tous les ans plusieurs
diocèses ; il trouvait partout de quoi exercer
son zèle et souvent sa patience ; car il était
quelquefois très-mal reçu dans les endroits où

il voulait s'arrêter : deux ou trois fois , l'on
a attenté à sa vie ; il a été outragé , calomnié,
méprisé , rebuté : rien ne l'a pu dégoûter de
son emploi , où il voyait que Dieu était glo-
rifié.

Après avoir travaillé de la sorte , sans un
moment de récréation , sans aide , sans repos ,
l'espace de dix ans avec son compagnon , il reçut du secours du ciel. M. Galerne , recteur
de Mûr , se joignit à lui pour l'accompagner
dans ses missions et en partager avec lui la
fatigue (3) : plusieurs autres suivirent ce bon
exemple. Cette sainte association a produit
des biens que l'on ne peut concevoir. L'on
voit vingt , trente , quarante missionnaires
animés d'un même esprit, s'assembler dans
une paroisse, où l'on accourt de toutes les paroisses voisines : ils suivent régulièrement
l'ordre du jour que le P. Maunoir à établi ,
ils prient Dieu ensemble , ils vont ensemble
au confessionnal , en disant tout haut le *Veni,
Creator* : ils y restent la plus grande partie du
jour : ils n'en sortent , ils ne vont prendre
leur repas , ni réciter leur bréviaire , qu'au
son d'une cloche qui les met en action.

Dans le commencement, il y eut peu de prêtres qui voulussent s'exposer à une si grande fatigue : peu à peu il se forma des mission-

naires dans toute la Bretagne ; et ces MM. ,
outre les biens qu'ils faisaient en mission , en
faisaient encore beaucoup dans leurs paroisses
à leur retour ; car l'expérience leur avait
fait connaître la nécessité que le peuple avait
d'être instruit , et aidé à bien recevoir les sacrements : ils avaient parlé en public et prêché dans les missions ; ils prêchaient ensuite
dans leurs paroisses avec plus de facilité, et
cette union qui se trouva entre les prêtres sé-
culiers et les Pères de la compagnie de Jésus,
acheva l'ouvrage que le P. Maunoir avait en-
trepris , qui était d'allumer le feu de l'amour
de Dieu partout.

Les missionnaires enflammaient naturellement et répandaient de tous côtés ces flammes
divines qui convertissaient et embrasaient les
plus endurcis dans le péché. Ce fut cette sainte
union d'ouvriers évangéliques qui fut une des
plus grandes consolations que le P. Maunoir
ait jamais senties : il avait toujours conservé
la paix de l'âme dans ses plus grands travaux ;
mais il devint plus gai dès qu'il eût un si grand
nombre de compagnons : afin de leur rendre
le travail plus supportable , il leur disait
quelquefois des mots agréables et édifiants.
C'était lui qui était toujours levé le premier ,
et, quand il sonnait la cloche pour les éveiller ,
il

il leur disait ordinairement : *Hoc signum magni Regis est* ; et ces Messieurs, en se réveillant, répondaient : *Eamus et nos, et moriamur cum illo.*

Quel que fût le nombre de missionnaires que le P. Maunoir eût dans une mission, son travail était toujours le plus grand ; outre l'oraison qu'ils faisaient ensemble, il en faisait en son particulier avant d'éveiller les autres ; il avait soin de tout ; il était occupé tout le jour ; il se couchait le dernier, et il ne prenait pas un moment de récréation : chacun de ses moments était précieux ; les autres missionnaires se reposaient chez eux après avoir fait une ou deux missions ; mais le Père en allait assembler d'autres ailleurs, pour commencer le travail avec des ouvriers frais.

On ne saurait exprimer combien de pécheurs il a mis dans la voie du salut, ni combien d'âmes il a élevées à une haute perfection : il n'y a point d'années qu'il n'instruisît plus de cinquante mille personnes, et qu'il n'entendît des confessions générales sans nombre : la fatigue le rendait quelquefois malade ; mais il ne perdait pas courage pour cela : dès qu'il pouvait marcher, c'était pour aller à l'église entendre les confessions et instruire le peuple. Dans son extrême vieillesse, il prêchait encore avec beaucoup de zèle, et il faisait tous les

jours le catéchisme d   les missions, incontinent après le dîner ;   plus fortes san-
tés ont de la peine à s   deux ou
trois cents enfants sont a   qu'ils
sont environnés d'un grand peu
parler bien haut pour se faire entendre.
Maunoir avait un talent particulier pour instruire : c'était un don de Dieu; mais qu'il
avait cultivé avec soin. L'on peut bien dire
qu'il a fait valoir les talents qui lui avaient été
donnés, et qu'il a été ce serviteur fidèle qui a
mérité une ample récompense.

Un homme prévenu de tant
si laborieux , si intérieur
vait finir une vie si saint
précieuse devant Dieu. Il
mission, et il en allait com
quand le Seigneur l'arrêta à   , où il avait
prédit qu'il mourrait ; c'est-à-dire au milieu
des terres de saint Corentin. C'était dans une
église dédiée à la sainte Vierge qu'il avait été
inspiré de se consacrer aux missions de Bretagne ; et c'est dans une autre église dédiée à la
Mère de Dieu qu'il a été enterré , afi
finit ses courses apostoliques sous la prot
de celle qui les lui avait fait commencer.
parlerai point des circonstances de sa ma
puisque l'historien de sa vie les a expliq

il me suffit de faire voir qu'il est mort aussi
saintement qu'il avait vécu.

Dès que M. et Mme De Kerlouët surent qu'il
était malade au presbytère de Plevin, ils le vinrent prier de se laisser transporter à leur château, qui n'est pas fort loin de l'église, et ils lui
offrirent leur carrosse pour y aller plus com-
modément : il les en remercia, et après leur
départ, il dit à M. Canant, recteur de Plevin,
chez qui il logeait, qu'il ne convenait point à un
pauvre religieux de mourir dans un château,
et qu'après avoir passé sa vie parmi les pauvres gens et avec des missionnaires, il la devait finir chez l'un d'eux, loin de l'opulence
qui règne dans les grandes maisons. Le P. du
Demaine de la Compagnie de Jésus fut envoyé
du collége de Quimper, pour l'assister dans sa
maladie ; parce que le P. Martin, son compagnon ordinaire, était allé commencer une mission à quatre lieues de Plevin. Le malade se confessa, comme pour mourir, au P. du Demaine,
et se prépara ensuite à recevoir le S. Viatique :
il le reçut avec des sentiments d'une dévotion
si tendre, qu'il paraissait comme ravi en Dieu.
Après son action de grâces, qui fut très-fervente, il demanda un cierge béni, il fit sa
profession de foi, et il renouvela ses promesses
de baptême avec une ardeur si vive qu'on fut

obligé de le prier de se modérer : il baissa
alors la voix , et avec la tranquillité qui lui
était devenue naturelle , il s'entretenait continuellement avec Dieu , et invoquait le secours
de sa sainte Mère.

Pendant toute sa maladie , il fut si patient ,
qu'il ne lui échappa aucune plainte, ni marque
d'impatience , quelque vives que fussent ses
douleurs ; l'on eût dit qu'il ne souffrait rien ,
tant il était tranquille : il était occupé uniquement du désir d'aller à son Bien-Aimé : il
fit plusieurs actes de résignation à la volonté
de Dieu, de Foi , d'Espérance et d'Amour.
Il en avait contracté , dans sa santé , un si long
usage , qu'il lui était aisé de les pratiquer dans
sa maladie. Il semble que M. Le Nobletz le
vint visiter dans cette extrémité ; il est constant que le P. Maunoir dit au P. du Demaine et
à M. De Coëlsal , l'un de ses missionnaires ,
qui l'était venu assister à sa mort , qu'ils eussent à donner une chaise à M. Le Nobletz.
Qu'il ait dit ces paroles dans un délire fort
court, puisque, dans tout le reste de sa maladie,
il eût toujours l'esprit fort libre , ou que son
ami , mort trente ans auparavant , fût venu
l'inviter à la gloire dont il jouissait lui-même,
ceux qui étaient auprès de son lit ne savaient
eux-mêmes ce qu'en penser. La cruelle guerre

que le P. Maunoir avait faite au démon pendant
sa vie, ne rebuta pas cet ennemi du genre humain : il vint attaquer le moribond qui n'en fut
pas effrayé, il dit seulement au Père qui l'assistait, de jeter de l'eau bénite en certains endroits de son lit, qu'il lui montrait, et il prit
en main la croix qui est la terreur des démons.
Pendant le cours de sa maladie, il baisait souvent la croix, et il l'embrassait tendrement,
en disant à ceux qui étaient dans la chambre :
« Vivons et mourons pour Jésus, qui a vécu et
qui est mort pour nous ». Il n'était occupé que
de l'amour de Jésus, il animait quelques missionnaires, qui avaient accouru au bruit de
sa maladie, à persévérer dans le saint emploi
où ils pouvaient convertir tant d'âmes à Dieu.
Il jouissait d'une sainte paix, et il ne soupirait que pour le ciel ; dans ses grands sentiments de dévotion, il mourut, le 28e jour
de Janvier 1683, à l'âge de 77 ans. Il fut re-
gretté universellement dans toute la Bretagne:
on eut aussitôt recours à ses prières ; et, dès
qu'il fut mort, il guérit de la goutte M. De
Kerlouët, gouverneur de Carhaix, qui souffrait de grandes douleurs.

Cette mort précieuse devant Dieu, fut bientôt divulguée dans toute la Bretagne, et l'on
vit accourir de tous côtés, à Plevin, des pèle-

rins qui imploraient son assistance, et qui y
trouvaient leur guérison. Le respect que l'on
avait pour lui était si grand, que l'on voulut
avoir son corps pour l'enterrer honorablement à la cathédrale de Quimper. Mgr l'E-
vêque (*) et MM. les Chanoines, dans l'empressement qu'ils en avaient, députèrent M.
Callier, l'unique grand-vicaire du diocèse,
pour faire enlever ce précieux dépôt, que les
paysans de Plevin conservèrent malgré toutes
les menaces qu'on leur fit. Dieu fit connaître
la mort précieuse de son fidèle serviteur, dans
la paroisse voisine, de la manière que je vais
le dire.

M. Quillerou, recteur de Motref, parlait
auprès de son église à l'un de ses paroissiens,
à huit heures du soir, qui fut le temps de la
mort du P. Maunoir : pendant qu'ils s'entretenaient ensemble, ils virent du côté de Plevin une grande lumière, qui éclairait tout ce
côté là du ciel; ne sachant d'où pouvait provenir
cette lumière, ce paroissien monta sur la mu-
raille du cimetière, et il vit l'horizon éclairé
de ce côté là, sans pouvoir en connaître la
cause ; mais le son des cloches de Plevin leur

(*) M. François De Coëtlogon Méjusséaume, sacré
en 1666, et mort en 1707.

fit bientôt savoir que Dieu leur annonçait la
mort du P. Maunoir, par cette lumière extraordinaire qui disparut quelque temps
après, et qui les laissa dans une nuit fort ob-
scure comme auparavant. M. Quillerou m'a
raconté ce prodige lui-même, et il en a fait sa
déclaration juridique avant sa mort : tous les
habitants du bourg de Motref surent cette
merveille le lendemain des deux témoins qui
l'avaient vue. Mme De Pratelas, qui l'avait visité dans sa maladie, et qui était retournée à
Quimper, le vit au moment de sa mort apparaître dans sa chambre rayonnant de gloire.
Je ne parle point des autres miracles qui se
firent à la mort du P. Maunoir, ni de plusieurs autres que l'historien de sa vie a rapportés. Il est temps de faire voir l'éclat de ses
vertus, qui avaient mérité l'estime de tous ceux
qui le connaissaient, et dont on peut encore,
plus de 32 ans après sa mort, trouver des
témoins authentiques.

Sa foi.

Je ne sais par où commencer à décrire les
vertus de ce grand serviteur de Dieu, dont
la vie a été employée à se sanctifier et à sanctifier les autres. Pour garder quelque ordre,

je parlerai d'abord des vertus théologales, et ensuite je dirai quelque chose des autres vertus qui ont paru avec le plus d'éclat dans sa conduite. Comme la foi est la première des vertus, puisque sans elle nous ne pouvons faire aucun acte surnaturel, ni plaire à Dieu, il faut que je fasse voir que le P. Maunoir l'a eue extrêmement vive, soit pour croire les mystères, soit pour observer les maximes chrétiennes, soit même pour faire des miracles.

C'est de cette foi qui fait croire les vérités de la religion qu'il parlait, quand, dans la ferveur de sa dévotion, il marquait dans ce journal, que nous conservons écrit de sa main, ces paroles qu'il a eues toujours gravées dans le cœur : « Je croirai tout ce que Dieu a révélé » dans l'ancien et le nouveau Testament ; je » croirai à la tradition et aux décisions de » l'Eglise. En présence de toute la cour cé- » leste, je ferai profession de ma foi, quand » il s'agira de la confesser devant les tyrans ; » armé de la puissance de mon Dieu, je ne re- » douterai point la colère des hommes, je mé- » priserai les supplices et même la mort. Ja- » mais je ne douterai en matière de foi. »

N'a-t-il pas fait une profession continuelle de sa foi, en faisant le catéchisme pendant plus de 42 ans, parcourant toute la Bretagne pour

enseigner partout les principes de la religion,
ne souffrant aucune altération dans la foi de
l'Eglise et détestant toute nouveauté? Dans
le catéchisme qu'il a fait imprimer en français
et en breton, il nous a laissé un monument de
sa foi. Il empêcha, pendant sa vie, qu'aucune
hérésie se glissât dans la Bretagne. Dans les
conférences qu'il faisait à ses missionnaires, il
avait grand soin de les fortifier contre les nouvelles erreurs, et leur prescrivait toujours de
s'attacher aux décisions de l'Eglise. A la fin de
ses sermons, il faisait souvent faire à ses auditeurs des actes de foi sur les vérités du salut.
Quand il disposait le peuple à la communion,
il commençait par des actes de foi qu'il lui faisait produire; il en usait encore de la même
sorte dans l'action de grâces, après la communion : et, même avant d'entendre une confes-
sion générale, il ne manquait point de faire
faire à ses pénitents des actes de foi, d'espérance et de charité. Lui-même, quand il se
préparait à dire la messe, et à son action de
grâces, il répétait les mêmes actes. Nous avons
vu comment, à sa mort, il fit sa profession de
foi, tenant en main le cierge béni.

Dans les sermons et les autres instructions, il
parlait de nos mystères avec une foi si vive,
qu'il inspirait les mêmes sentiments à ses au-

2*

diteurs : il a composé des cantiques sur le symbole des Apôtres et sur les principaux mystères de la foi. Tous ces faits sont si évidents que toute la Bretagne en peut porter témoignage.

J'ajoute que sa foi n'était pas purement spéculative. Il n'était pas de ces gens qui ont une foi morte, ou languissante, qui croient que Jésus-Christ a aimé la pauvreté, et qui s'attachent aux biens de la terre; qu'il nous a enseigné l'humilité, et qui n'aspirent qu'aux honneurs; que, par ses souffrances, il nous a ouvert la porte du ciel, et qui cherchent avec passion les plaisirs de leur corps.

La vie du P. Maunoir était formée sur celle de Jésus-Christ qu'il s'était proposé d'imiter parfaitement. Il était toujours occupé à détruire les maximes pernicieuses du monde, à déraciner le péché et à faire aimer la vertu : il y travaillait avec tant d'ardeur, que quand il représentait l'énormité du vice, il en imprimait une horreur extrême; quand il voulait faire pratiquer une vertu, il en dépeignait si vivement la beauté, que ses auditeurs en étaient charmés : s'il entreprenait d'imprimer la crainte des jugements de Dieu, il faisait trembler tous ceux qui l'entendaient; s'il représentait les miséricordes du Seigneur, il n'y avait point de pécheur qui ne se sentît porté à se

jeter entre ses bras ; en un mot, la foi animée
du P. Maunoir faisait des effets surprenants
sur les esprits qu'il captivait sous le joug de
Jésus-Christ.

C'est là ce qui a opéré tant de conversions,
et ce qui a renouvelé toute la face de la province : on le voyait pratiquer ce qu'il prêchait,
et on l'entendait prêcher ce qu'il pratiquait :
ses exemples et ses discours , animés par une
foi ferme et vive, surmontaient la résistance des
plus opiniâtres. Combien de vindicatifs n'a-t-
il pas engagé à pardonner sincèrement ? combien de voluptueux n'a-t-il pas fait entrer dans
les voies de la pénitence ? combien de sacriléges
n'a-t-il point fait réparer dans ses missions ?

Quand Jésus-Christ a fait l'éloge de la foi,
il a dit que rien ne lui est impossible : il y a
peu de personnes aujourd'hui qui aient assez
de foi pour opérer des miracles : le P. Maunoir la posséda dans ce degré éminent. S'il
fallait fermer le ciel pour arrêter les orages,
ou l'ouvrir pour attirer la pluie , calmer la
mer , ou faire croître les moissons, chasser
les démons , ou guérir les malades , rien ne résistait au pouvoir qu'il avait auprès de Dieu.

Sa confiance en Dieu et son courage.

Je joins ces deux vertus qui dans les saints sont inséparables : la confiance qu'ils ont en Dieu fait toute leur force ; et, quand leur confiance est bien animée, ils sont prêts à tout entreprendre : c'est de la sorte que le prophète Royal parlait : *In Domino sperans non infirmabor*. Je ne manquerai ni de force ni de courage, quand mon espérance sera en Dieu. C'étaient les véritables sentiments du P. Maunoir qui attendait toute sa récompense et tout son secours de Dieu. « C'est lui, dit-il dans son journal, qui me fait vouloir le bien : ce sera lui qui me donnera la force de l'accomplir..... Je mettrai toute mon espérance et toute ma confiance en Dieu seul, non en ma prudence, en mon esprit, en ma vigilance, en ma vertu, ni en quelque personne que ce soit ; si ce n'est que je regarde tout cela comme des instruments que Dieu emploie pour sa gloire : ma confiance sera également ferme dans l'adversité, comme dans la prospérité : encore qu'il semble que tout soit perdu, que Dieu ne veuille point m'entendre, que tout s'oppose à mes desseins, rien ne pourra diminuer ma confiance : avec cette confiance j'entreprendrai de grandes choses, de grandes conversions, ma plus grande perfection : je sais par expérience qu'en un instant Dieu peut opérer de grands changements : je me mettrai donc entre ses bras, afin que, par lui-même et par ceux qui tiennent sa place, il fasse de moi tout ce qui lui plaira ».

Le P. Maunoir continue dans ses écrits à s'animer à tout faire, et à tout entreprendre, appuyé sur la force de la grâce : et ces beaux projets qu'il s'était formés, dès son noviciat, ont été la règle de sa conduite pendant tout le reste de sa vie, sans qu'il se soit jamais démenti. Il n'avait que Dieu en vue ; il considérait que Dieu a promis son assistance à ceux qui travaillent pour sa gloire, et un repos éternel où il serait lui-même leur récompense : c'est ce qui fait l'espérance chrétienne, et c'est ce qui animait notre ouvrier évangélique dans toutes ses entreprises ; persuadé que, si quelquefois le succès ne répondait pas à ses saintes intentions, sa bonne volonté serait récompensée éternellement.

Quelle autre vue pouvait avoir un homme qui travaillait parmi des gens grossiers, ne sachant guère ce que c'est que reconnaissance ; qui n'avait nulle attache aux biens de la terre, qui recevait les injures comme des louanges,

et qui était ennemi juré des plaisirs de la vie ?
Il ne soupirait que pour Dieu, il levait souvent les yeux au ciel, et il ne trouvait de consolations que dans l'oraison. En même temps
qu'il regardait Dieu, comme sa fin dernière,
il le regardait comme le principe de tous ses
mouvements. Il avait des preuves convaincantes de sa vocation aux missions de Bretagne ; les révélations que le Seigneur en avait
faites à plusieurs personnes, sa guérison miraculeuse à Bourges, les inspirations qu'il recevait continuellement pour l'aider à s'acquitter dignement de son emploi, étaient pour lui
de justes motifs de confiance en Dieu, qui ne
manque jamais de fournir aux hommes les
moyens nécessaires pour réussir dans les emplois auxquels il les appelle.

Le P. Maunoir trouvait des personnes charitables qui l'aidaient à défrayer ses missions ;
il dit cependant un jour au P. Martin, son
compagnon, que sa confiance n'était nulle-
ment dans ces personnes, qu'il lui nomma,
mais dans Dieu seul ; il ajouta qu'il espérait
ordinairement de plus grands succès des missions qui ne subsistaient que des aumônes des
fidèles, qu'il n'en attendait de celles que
quelque particulier défrayait entièrement :
parce que ces oblations disposaient les pé-

cheurs à obtenir de Dieu miséricorde, et que
d'ailleurs ceux qui donnaient quelque petite
chose, se croyaient par là plus obligés à
faire réussir la mission et à en profiter eux-
mêmes : il attribuait à Dieu tout le bien qu'on
lui faisait, et il avait coutume de dire : « Regar-
dons plus haut, et voyons que c'est Dieu qui
nous fait du bien par ces personnes-ci. » Il animait son espérance par le souvenir des grâces
qu'il avait déjà reçues, par exemple, quand il
était persécuté dans quelque occasion : « Dieu,
disait-il, nous a assisté dans telle et telle rencontre, il ne nous manquera point encore
dans celle-ci : nous serions criminel de manquer de confiance en lui, après avoir été se-
couru en mille autres occasions. » Il n'avait
d'autre fonds pour ses missions, que sa confiance dans la Providence divine qui ne lui
avait jamais manqué : quoique l'on ait vu
monter la dépense de certaines missions jusqu'à huit cents francs, ou davantage, à cause
du grand nombre de missionnaires qui y travaillaient. N'est-ce pas bien compter sur la
Providence, que de faire des missions pendant
plus de 42 ans sans aucun revenu?

La confiance qu'il avait en Dieu lui donnait
du courage dans ses entreprises, ses fatigues,
ses persécutions. Il ne comptait en rien sur

ses propres forces : que pouvait un simple religieux, dénué de tout au milieu des orages
qui s'élevaient contre lui? et cependant plus
l'enfer et le monde conspiraient à ruiner ses
desseins, plus il se roidissait contre tous les
obstacles qui se présentaient. Combien de fois,
lorsqu'il avait projeté de faire la mission dans
une paroisse, n'y a-t-il pas trouvé des op-
positions qui paraissaient insurmontables? Pre-
nons courage, disait-il alors à son compagnon, tout ira bien; Dieu bénira ici nos travaux, puisque le démon s'y oppose si ouvertement; la force de la grâce triomphera des
puissances de l'enfer.

Dans le commencement de ses missions, il
avait beaucoup à souffrir, et les succès étaient
moindres, parce qu'il était seul; Dieu a ré-
compensé son courage, et il a laissé à sa mort
les missions très-florissantes : on l'appelait de
tous côtés et partout il trouvait des missionnaires qui venaient à son secours. Ni la fatigue des voyages, ni la rigueur de la saison ne
l'effrayaient, quand il fallait poursuivre une
entreprise pour la gloire de Dieu; hiver et
été, il travaillait: ni le jeûne du Carême, ni
la mauvaise nourriture qu'il trouvait, ne l'empêchaient pas de prêcher, catéchiser et confesser depuis le matin jusqu'au soir : il en

tombait quelquefois malade, le corps ne
pouvant correspondre à la force de l'esprit ;
mais il ne s'en relevait qu'avec plus de ferveur,
et dès qu'il pouvait aller à l'église, c'était
pour remercier Dieu et procurer sa gloire. Il
ne s'est guère trouvé, dans les siècles passés,
de missionnaires d'un courage plus héroïque,
et qui ait tant résisté à la fatigue.

Son amour pour Dieu, et son indifférence pour tout le reste.

L'AMOUR qu'il avait pour Dieu était le principe de toutes ses actions : il se fût donné
moins de fatigue, s'il eût moins aimé. Il aimait Dieu avec tendresse et avec ferveur :
son amour était ardent au fond du cœur, et
actif dans les moyens de procurer la gloire
de celui qu'il aimait. Le journal où il a écrit
ses sentiments intérieurs, est plein des affec-
tions les plus tendres. « Ah ! que je l'aime, dit-
il, ce Dieu infiniment bon, et que j'ai de
passion de m'en faire aimer : je tâcherai, avec
le secours de sa grâce, de me rendre semblable à lui, afin que je sois plus agréable à ses
yeux.... Le plus ardent de tous mes désirs
sera de jouir de Dieu.... La plus grande de
mes appréhensions sera d'être séparé de lui :

pour prévenir ce malheur, je me tiendrai toujours fort près de lui.... Je lui offrirai le désir que j'ai de lui bâtir des temples, de lui dresser des autels pour le faire honorer partout et de tout le monde.... Je tâcherai de me remplir tellement de Dieu, que tous mes premiers mouvements soient pour lui ; chaque jour ma première pensée sera de Dieu, mon premier soupir sera pour lui, mon premier désir sera de faire sa volonté, mon premier dessein sera pour travailler à sa gloire. » La plus grande partie des sentiments de dévotion qui sont contenus dans ses écrits, nous marquent comment Dieu lui a inspiré son amour, comment il l'a attiré à lui, et a ôté de son cœur tout ce qu'il y avait de trop humain, en le remplissant des plus vives flammes de la charité : il me suffirait de les copier pour en convaincre tout le monde.

Il est temps que je fasse voir comment cet amour a été effectif. Dirai-je que Dieu lui-même a voulu manifester cette ardeur extrême par les marques qu'il en a données pour la gloire de son serviteur ? Un jour qu'il arriva chez M. le recteur de Mûr, la sœur de M. le recteur vit le visage du P. Maunoir rayonnant comme le soleil : une autre fois, pendant qu'il disait son bréviaire, un des missionnaires s'aperçût qu'il avait le visage éclatant de lumière ; j'en rapporterai dans la suite deux exemples ; on en pourrait citer encore plusieurs autres ; mais comme les témoins sont morts avant qu'on en ait fait les informations juridiques , les incrédules n'y ajouteraient point foi.

Toute la vie du P. Maunoir a été une pratique continuelle de l'amour de Dieu. Il est aisé de former des sentiments tendres de charité à son oratoire , ou aux pieds des autels , il la faut mettre à l'épreuve. C'est ce que Jésus-Christ nous a enseigné, en recommandant à saint Pierre le soin de son troupeau , s'il l'aimait comme il le protestait. Notre zélé missionnaire ne croyait jamais avoir donné assez de marques de l'amour qu'il avait pour Dieu , il y voulait consumer toute sa vie et épuiser ses forces. Quand, dans les sermons, il parlait de l'amour de Dieu qu'il voulait allumer dans les cœurs , il en paraissait tout embrasé ; les termes dont il se servait , étaient expressifs , le son de sa voix était animé , les raisons qu'il apportait étaient convaincantes , et il paraissait bien qu'il l'aimait et qu'il eût voulu emprunter tous les cœurs pour satisfaire le désir ardent qu'il en avait. Il avait surtout beaucoup à cœur d'inspirer de l'amour pour

Jésus mourant : il faisait faire tous les jours
la méditation sur la Passion, qu'il avait par-
tagée en sept mystères, pour enseigner au
peuple les souffrances de son bien-aimé ; il
avait si bien réussi dans ces sortes d'oraisons,
que plusieurs saintes âmes, pénétrées de dévotion, avaient toujours devant les yeux Jésus
souffrant ; et s'étaient fait au fond du cœur
un oratoire, où elles s'entretenaient continuellement avec lui. Ce que je dis est constant, et l'on en pourrait produire plus de
cent témoins.

Quoique le P. Maunoir fût toujours uni à
Dieu, il est cependant vrai que, dans ses oraisons, sa ferveur augmentait : c'étaient des
élans d'amour qu'il avait de la peine à retenir. Avant et après la messe, il était si enflammé que son visage en paraissait quelquefois
tout rouge : il se servait ordinairement de
certaines paroles, qui étaient ses oraisons ja-
culatoires, et qui augmentaient le feu de son
amour ; celle-ci : *Jesu nostra redemptio, amor
et desiderium*, et quelques autres qu'il avait
souvent sur la langue, et encore plus dans
le cœur, lui servaient pour le remplir de
Dieu. Surtout dans sa dernière maladie, il
ne pouvait se contenir ; car, si auparavant
il cachait le plus qu'il pouvait les dons de

Dieu, quand il se vit sur le point de s'aller
unir à celui qu'il avait toujours aimé, il ne
put s'empêcher d'en témoigner son désir ardent. Pendant sa vie, il n'avait pensé qu'à contenter Dieu ; sa devise ordinaire était : *Au
plus grand contentement de Dieu.* Il voyait approcher le moment auquel il l'allait voir et
posséder pendant l'éternité. Il pensait moins
à son mal, qu'au bonheur qu'il allait goûter ;
on eût dit qu'il ne souffrait point de douleur,
tant il était patient : mais on ne pouvait point
dire qu'il n'aimait pas Dieu ; car toutes ses
paroles étaient enflammées de cet amour.

L'attachement qu'il avait pour Dieu ne
souffrait point de partage dans son cœur ; il
en était si occupé, qu'il était insensible à tout
le reste : « Je veux, dit-il dans son journal,
vivre dans le monde, comme s'il n'y avait que
Dieu.... quelque attachement que j'aie pour
mes meilleurs amis, qui seront les plus saints..,
jamais l'amitié ne me fera rien perdre de ma
tranquillité ; je contribuerai en tout ce que je
pourrai à la perfection de mes amis, je la de-
manderai à Dieu avec confiance. » C'est de la
sorte qu'il témoignait sa reconnaissance pour
tous les biens qu'on lui faisait ; et ceux qui lui
faisaient du mal, pouvaient compter qu'il ne
s'en vengerait qu'en leur faisant du bien et en

priant pour leur conversion : dans cette tranquillité, au milieu des bons et des mauvais
succès, des compliments et des injures, il se
sentait une grande indifférence pour toutes
les choses humaines : il lui en avait bien
coûté pour mourir de la sorte au monde ; mais
enfin il y était parvenu, et ceux qui l'ont
connu particulièrement, ne pouvaient découvrir aucune vue intéressée, ou trop humaine
dans sa conduite ; c'est ce qui tenait son âme
dans une grande égalité et dans une paix inaltérable qui paraissait jusque sur son visage, et qui lui donnait cette gaîté que tout
le monde remarquait dans lui.

Sa charité envers le prochain et son zèle.

Je ne parle des vertus du P. Maunoir,
que conformément à l'estime que l'on en con-
çoit dans toute la Bretagne, et je ne cite
point les occasions particulières où il les a
pratiquées, parce qu'elles paraissent dans
tout le cours de sa vie, qui en était un exercice continuel : non, il n'est pas nécessaire
de prouver, par exemple, qu'il a eu une
grande charité envers son prochain, et
un grand zèle pour le salut des âmes : 42 années de missions en sont une preuve évi-

dente. Dirai-je qu'il a aimé ses ennemis? non-
seulement il a pardonné à ceux qui ont attenté à sa vie, soit quand un méchant homme a
tiré l'épée pour le tuer, soit quand on lui a
tiré un coup de pistolet, pendant qu'il prêchait dans le cimetière de Plouzevet ; mais
encore il a empêché qu'on ait fait aucun mal
à ces scélérats ; quittant son sermon, il alla
même à la porte du cabaret , d'où l'on avait
tiré le coup de pistolet, pour empêcher que
le peuple ne se saisît du criminel. Ces deux
faits sont racontés amplement dans sa vie.

Ce que je puis dire , c'est que sa charité
était bien épurée , et que Dieu en était le
principal motif. Voici comment il en parle
dans son journal : « Avec les lumières et les
forces que je reçois d'en haut , je regarderai
les hommes comme les enfants de Dieu ,
comme ses amis et ses images, et comme le
prix du sang de notre Seigneur Jésus-Christ :
ainsi, sous ces titres, je les aimerai tous ;
mais j'aimerai particulièrement ceux pour qui
je sentirai moins de penchant, tels que sont
les pauvres les plus dégoûtants, les personnes
viles et méprisables par elles-mêmes et par
leurs emplois.... Les vues basses et intéres-
sées et purement naturelles ne seront pas le motif de ma charité. » Ces premières résolutions

qu'il avait prises dans son noviciat, ont été la règle de sa conduite pendant toute sa vie, qu'il a employée au salut du prochain, sans distinction de personnes : il prêchait partout sans relâche ; dans les églises, les places publiques, les maisons ; tantôt à une infinité de peuple, tantôt à un seul : les uns venaient à lui, il allait trouver les autres ; il travaillait le jour et la nuit ; il parlait aux grands et aux petits ; dans les prisons, dans les hôpitaux, à la ville et à la campagne. Chemin faisant, il entretenait de Dieu le premier qu'il trouvait, et souvent il convertissait en parlant ainsi cœur à cœur : il avait mille adresses pour aider tout le monde, et il ne rebutait personne ; il allait même chercher les pauvres pécheurs dans les îles dont l'abord est le plus difficile. Les plus grands pécheurs et les plus abandonnés excitaient davantage sa charité : ceux-là parce qu'ils offensaient le plus Dieu ; ceux-ci parce qu'ils n'avaient point de secours. Quand il connaissait quelque paroisse tout à fait négligée, il n'épargnait rien pour y aller annoncer la parole de Dieu.

Les chemins horribles qu'il trouvait en hiver, les vents, la pluie, la neige ne le détournaient point du dessein qu'il avait formé de sauver des âmes. Après un voyage fatigant

gant, pour tout repos, il fallait prêcher, aller longtemps avant le jour par les boues à l'église, et, après quelques instructions, rester tout mouillé, ou transi de froid dans un confessionnal jusque bien avant dans la nuit, excepté le moment qu'il prenait pour manger; il n'y a que ceux qui l'ont expérimenté qui puissent comprendre combien cela coûte à la nature : il ne faut craindre dans ces occasions ni rhume, ni maladie; il faut au contraire mépriser la vie et toutes ses commodités, et être convaincu que les âmes des paysans les plus grossiers sont précieuses devant Dieu.

Avec quelle charité le P. Maunoir ne recevait-il pas ceux qui s'adressaient à lui? et quelle tendresse n'avait-il point pour eux, afin de les gagner à Dieu? Peut-on attendre de moi des exemples pour prouver cette charité et ce zèle? Pendant que toute une province en parle avec toute l'estime possible, quelque incrédule en pourra-t-il douter? Dirai-je que le P. Maunoir, confessant dans notre église à Quimper, connut par révélation qu'un certain pécheur venait à l'église, doutant s'il aurait le courage de confesser un certain péché? qu'il se leva de son confessionnal qui était environné d'un grand nombre de pénitents, qu'il alla recevoir ce pécheur à la porte, qu'il lui fit entendre qu'il comprenait son embarras, et l'engagea à dire ce péché? Dirai-je qu'en voyage il en convertit un autre, qui depuis longtemps vivait dans le désordre? ajouterai-je que, dans un sermon, il convertit une pécheresse publique, qui, le reste de ses jours, fit une pénitence très-rigoureuse : il faudrait plutôt essayer de compter combien de milliers de personnes il a converties tous les ans par lui-même et par ses missionnaires, dont plusieurs ne travaillaient avec succès, qu'autant que le P. Maunoir les mettait en action.

Si ce grand zélateur des âmes eût eu moins de ferveur, il se serait épargné bien des peines, il serait resté dans un collége à remplir un emploi dont quelques personnes auraient profité pour leur salut; mais cet emploi n'aurait pas gagné tant d'âmes à Dieu, et ne se serait point perpétué comme fait l'emploi de missionnaire, dont les fruits durent et dureront toujours (*). Le salut de ses frères lui

---

(*) On ne saurait faire un reproche au P. Le Roux, zélé missionnaire, d'avoir élevé le travail des missions beaucoup au-dessus de celui des colléges. Mais sa pensée manquerait de justice si elle supposait qu'un religieux, placé par la volonté de Dieu dans un collége, ne tra-

était cher, et si vous lui eussiez demandé en
chemin au milieu des boues, ou des neiges,
ce qu'il cherchait, ou ce qu'il prétendait, il
vous aurait répondu comme autrefois le chaste
Joseph : « *Fratres meos quœro*, mon père m'a
envoyé chercher mes frères, et j'en suis en
peine. » Ce soin qu'il avait du salut des âmes,
qui ont coûté si cher à Jésus-Christ, l'engageait à exhorter les prêtres et surtout les missionnaires à aider les pauvres gens à se sauver ; il leur en apportait des motifs si pressants que l'on n'y pouvait résister. Il faisait
dans toutes les missions des conférences aux
ecclésiastiques de la paroisse et des paroisses
voisines, et pour savoir d'eux les vices qui ré-
gnaient dans le pays, afin de les déraciner,
et surtout pour les animer à employer toutes
sortes de moyens pour instruire et assister
leurs paroissiens. Le Père n'était pas seulement
animé d'un zèle ardent pour le salut des âmes,
mais sa charité allait encore jusqu'à soulager
les corps : l'on pouvait dire de lui ce que dit
l'Apôtre des gentils : « Je suis infirme avec les

---

vaillât pas au salut des âmes avec autant de mérite et
même d'efficacité qu'un missionnaire. Elle serait moins
juste encore si elle donnait le bien opéré dans l'éducation chrétienne, comme moins durable que celui des
missions.

infirmes , parce que je compatis à leurs infir-
mités. » Le P. Maunoir était sensible aux maux
des plus affligés , et cette compassion allait
jusqu'à faire des miracles en leur faveur. Vous
pouvez voir dans l'histoire de sa vie comment
il a guéri subitement un grand nombre de
malades : sa foi et sa charité touchaient le
cœur de Dieu , qui ne refusait rien à ses ar-
dentes prières.

Sa religion , sa dévotion et son oraison.

Après les vertus théologales, la religion
tient le premier rang. Le P. Maunoir avait de
si grands sentiments de religion , qu'il ne
parlait à Dieu ni de Dieu qu'avec un profond
respect. Le bon plaisir de Dieu et son culte
étaient le but qu'il se proposait dans toutes ses
entreprises : il ne pouvait souffrir que l'on ju-
rât témérairement le nom de Dieu , ni que
l'on se tînt dans les églises en des postures
indécentes. L'on comprendra mieux par ses
propres paroles le culte qu'il rendait à Dieu ,
que par tout ce que j'en pourrais dire. Voyez
comment il parle dans son journal :

« Quelle distance , Seigneur , il y a entre
vous et moi , et quel prodigieux espace se
trouve entre vous et les créatures ! je me re-

garderai comme un grain de sable, et je regarderai toutes les créatures comme un amas
de poussière devant la grandeur infinie de
Dieu ; j'aurai honte de me trouver en sa divine présence. Quand je m'entretiendrai avec
lui , je lui donnerai des noms pleins de respect ,
me souvenant que je parle au Maître du monde , à celui qui fait les rois et qui les peut détruire, à celui qui existe par lui-même, et
devant qui tout ce qu'il y a de créé est comme
s'il n'était pas. Je lui rendrai le culte de la-
trie, j'adorerai sa majesté suprême, je lui
témoignerai même, par des actes extérieurs
de respect, le sentiment que j'ai de la préémi-
nence de son être. » Le Père continue dans
ses écrits en parlant de Jésus-Christ : « Je
l'irai visiter dans le saint Sacrement, là je me
prosternerai devant sa majesté anéantie ; je
l'adorerai en fléchissant les genoux, en bai-
sant la terre, accompagnant cela d'un grand
respect intérieur : je l'adorerai sur la croix ,
je révèrerai la croix même, et j'en porterai
toujours une sur mon cœur. »

Tous ces projets qui sont des preuves incon-
testables de la religion du P. Maunoir, ont
été dans la suite de sa vie exécutés ponctuel-
lement. On était touché de dévotion à le voir
prier Dieu, tant il était modeste et attentif :

quand il allait dire son bréviaire, il se recueil-
lait, et il disait souvent à ses missionnaires,
Sursùm corda. Rien ne le pouvait distraire à
la messe, et l'on a remarqué qu'en faisant les
génuflexions, il ne manquait jamais de toucher du genou la terre, quoique dans un âge
fort avancé cela lui fût assez pénible : dans
ses prières ordinaires, et ses méditations, il
ne s'appuyait à rien, et cependant il avait
sous un genou une loupe qui l'incommodait
beaucoup.

Il ne pensait qu'à faire adorer la majesté
souveraine de Dieu, à faire orner les églises,
à inspirer du respect pour le saint Sacrement :
sur la fin de ses sermons, il faisait souvent mettre à genoux ses auditeurs, et il leur donnait
une si haute idée de la grandeur de Dieu, qu'on
ne pensait qu'à s'anéantir devant lui et à gémir
en sa présence des péchés que l'on avait com-
mis contre lui. Quand il parlait des perfec-
tions divines, il le faisait avec tant d'ardeur,
que tout le monde en était pénétré. Quand,
dans les communions générales que l'on faisait à la fin des retraites, il disposait le peuple à recevoir Jésus-Christ, c'était avec un si
grand respect pour cet auguste sacrement,
que presque tout le monde pleurait de dévotion. Après la communion, ce respect sem-

blait redoubler , et il en avait tellement pénétré les communiants , que longtemps après
on avait de la peine à les faire se lever debout
et sortir des églises.

Avant que le P. Maunoir commençât les
missions de Bretagne , il y avait des paroisses
où l'on n'observait presque pas les dimanches ni les fêtes : les uns travaillaient, les
autres dansaient , et les églises étaient dé-
sertes dès qu'on avait entendu une courte
messe : il inspira un si grand respect pour la
Majesté divine qui s'est réservée ces jours-là ,
qu'il changea presque toute la face de la Bretagne , où l'on voit le peuple assidu à la procession , à la grand'messe , aux sermons et à
tout ce qui regarde le service de Dieu : les
églises y sont plus propres et plus magnifiques
à la campagne que dans le reste du royaume.
C'est de la sorte qu'il a fait refleurir la religion , parce que lui-même en était pénétré.

Il avait souvent recours au signe de la
croix , et il enseignait au peuple la force qu'il
donne contre toutes les attaques des démons ;
il portait toujours un crucifix , à l'imitation
de l'apôtre des Indes , saint François Xavier ;
il y trouvait sa force et sa consolation , et il
s'en servait même pour faire des miracles : je
conserve encore son crucifix que j'ai vu bien

souvent arrosé des larmes de plusieurs pénitents, et que je regarde comme un monument
de la piété du P. Maunoir.

Sa dévotion était solide et tendre ; car, outre plusieurs pratiques intérieures qu'il avait
pour s'attacher à Dieu seul, il en avait d'extérieures qui édifiaient tout le monde. Il s'est
toujours souvenu qu'il avait dit sa première
messe le dimanche de la Trinité, et il s'en
rappelait la mémoire par reconnaissance, et
pour s'exciter à la plus essentielle de toutes les
dévotions, qui est celle de la sainte Trinité.
Sa dévotion pour le saint Sacrement était tendre, il passait la plus grande partie de sa vie
dans les églises, soit à instruire ou à entendre
les confessions : là, il s'entretenait cœur à cœur
avec Jésus-Christ, et cette dévotion lui paraissait bien consolante ; il l'inspirait aux autres comme une pratique qui leur était nécessaire et très-avantageuse.

L'une de ses pratiques de dévotion était le
souvenir fréquent de la passion du Sauveur,
il s'y affectionnait extrêmement, il en faisait
souvent le sujet de ses oraisons, il en a enseigné la méthode au peuple qui ordinairement
ne sait guère se recueillir ; mais qui, par les
instructions du P. Maunoir, a appris à rentrer en soi-même et à s'entretenir de cœur

avec Dieu : c'est pour ce sujet qu'il appelait cette oraison, l'*oraison du cœur* (*), et qu'il en a fait imprimer un petit traité, afin que tous apprissent à méditer sur les mystères de la Passion.

Je dois ici parler encore de la dévotion que le P. Maunoir a toujours eue pour la sainte Vierge; dès son enfance, il l'avait aimée comme sa mère ; quand, au commencement de ses études, il fut reçu à la congrégation, il regarda cela comme une faveur singulière. Il marque dans son journal qu'il avait reçu de grandes grâces par les mains de Marie pendant son noviciat et pendant sa philosophie. Ce fut elle qui, la première année de sa régence, lui obtint la facilité d'apprendre le bas-breton en huit jours, et qui lui inspira le dessein d'être missionnaire en Bretagne : ce qui lui arriva dans une chapelle dédiée à la sainte Vierge, appelée *Ty Mam-Doue* (**), maison de la Mère de Dieu. Plein de reconnaissance pour la Reine du ciel, il n'en parlait qu'avec tendresse, et il établissait, partout où il allait, quelques pratiques de dévotion pour l'honorer.

(*) Ce nom d'*oraison cordiale* ou *oraison du cœur*, est resté le terme propre pour l'oraison mentale en breton ; le catéchisme la nomme *orœson a galon*.

(**) Près Quimper.

Il avait encore fort à cœur d'autres dévotions, comme celles de la sainte Famille, JÉSUS, MARIE, JOSEPH, sainte ANNE et saint JOACHIM : il enseignait à prononcer tous les jours ces saints noms avec confiance, et pour y mieux réussir, il avait composé et il faisait chanter quelques vers bretons où ils étaient contenus. Parlerai-je de la dévotion qu'il avait aux saints Anges, soit au sien, soit à ceux des personnes avec lesquelles ils s'entretenait, soit à ceux qui sont les protecteurs de la France, de la Bretagne et des paroisses où il travaillait ; il a souvent tiré de très-grands secours de cette dévotion pour la conversion de divers pécheurs. Cet article est déjà trop long, je passe la dévotion qu'il avait à saint Corentin, patron de la Cornouaille, à saint Ignace, à son patron et à quelques saints particuliers : dans son emploi, il avait besoin d'assistance, et toutes ces dévotions lui étaient d'un grand secours.

Pour dire un mot de son esprit de prière, il est constant qu'il faisait oraison dès qu'il était écolier à Rennes ; dans son noviciat, il était tout absorbé en Dieu ; et son journal nous fait connaître comment Dieu se communiquait à lui : il a toujours continué à s'entretenir avec le Seigneur dans le fond de son âme, et il ne

le perdait guère de vue. S'entretenant un jour
avec M. De Tremaria (4), l'un de ses missionnaires, il lui échappa de lui dire que, depuis
sa théologie, Dieu lui avait communiqué un
don d'oraison, qui le tenait dans une union
continuelle avec Dieu. M. Le Nobletz lui avait
prédit que, dans les travaux qu'il entrepren-
drait pour le prochain, Dieu lui communique-
rait certaines lumières qui le dédommageraient
du temps qu'il aurait voulu rester dans son
oratoire : c'est ce qui lui est arrivé très-sou-
vent, au confessionnal, en chaire, en chemin. Le Seigneur lui faisait bien sentir par ses
communications intimes qu'il agréait ses services, et il le visitait d'une manière bien
consolante. Ainsi, l'on a remarqué qu'il était
aussi intérieur et uni à Dieu que s'il n'eût
point été occupé au-dehors, et qu'il était
aussi employé au salut des âmes que s'il eût
quitté les douceurs de l'oraison pour procurer la gloire de Dieu.

Son humilité et sa mortification.

Ces deux vertus ont attiré sur le P. Maunoir ces grandes communications avec Dieu,
et ces grandes faveurs qui l'ont rendu recommandable dans toute la Bretagne; s'il eût été

moins humble ou moins mortifié, Dieu ne
s'en serait pas servi pour faire tant de merveilles : ç'a été son humilité qui l'a rendu un
instrument propre entre les mains de Dieu, a
faire des conversions admirables ; il était convaincu que l'homme de soi-même est incapable
de faire aucun bien , et que c'est la grâce qui
doit toucher les cœurs : il connaissait qu'il
faut compter peu sur les louanges et les applaudissements des hommes ; il entendait souvent ces paroles de Jésus-Christ : apprenez de
moi que je suis doux et humble de cœur. Pour
en être mieux convaincu dans la pratique ,
il portait toujours un crucifix , et il voulait que
chacun des missionnaires eût le sien, soit pour
souffrir avec plus de patience les fatigues de la
mission ; soit pour inspirer aux pénitents des
sentiments de componction à la vue d'un
Homme-Dieu , que le péché a attaché à la
croix. La vue de Jésus souffrant et humilié
confondait le P. Maunoir, et lui inspirait de
grand sentiments d'humilité.

Monseigneur Balthazar Grangier , ce saint
évêque qui a fait faire tant de missions sous
ses yeux par le P. Maunoir, et qui y a travaillé avec tant de zèle , disait qu'il admirait
dans le Père sa douceur et son humilité qui
le rendait insensible aux acclamations et à la

vénération du peuple. D'autres missionnaires qui le voyaient tous les jours, ont dit qu'il recevait les louanges avec autant de peine que les gens du monde reçoivent les injures ; et, qu'il recevait les injures avec autant de joie que les plus vains reçoivent les louanges. Son humilité lui faisait regarder toutes ses traverses et toutes ses persécutions comme de justes punitions de ses fautes ; et tous les succès de ses missions comme de pures grâces de la libéralité divine.

En matière de bonnes œuvres il ne se croyait capable de rien, que de tout gâter. Nous trouvons dans son journal qu'il était résolu, dès son noviciat, à souffrir toutes les injures qu'on lui dirait. « Je souffrirai, dit-il, toutes les injures que l'on me dira et tout le tort que l'on me fera : je ne me vengerai point de ceux de qui je recevrai de pareils traitements ; mais je les regarderai comme des anges venus du ciel, pour exercer, animer et épurer ma charité : je prierai Dieu qu'il les comble de ses grâces, et je les aimerai jusqu'à vouloir mourir pour eux..... pour ne me pas préférer aux autres, je ne me comparerai à pas un ; je suis le dernier de tous : mes frères sont enfants de Dieu, je n'en mépriserai aucun..... tel est aujourd'hui grand pécheur, qui sera peut-être bientôt un grand saint. » L'on peut ici remarquer que cet humble missionnaire se servait de divers motifs pour se tenir dans la connaissance de son néant : tantôt il considérait cette grande dépendance où il était de Dieu, sans qui il ne pouvait rien, et qu'il irritait par ses péchés : tantôt il regardait son prochain comme l'image de Dieu, ou comme plus fidèle à ses grâces; quelquefois il s'arrêtait à se connaître soi-même, et la vue de ses fautes l'anéantissait devant la Majesté divine qui le pouvait perdre.

S'il n'eût pas été aussi humble qu'il l'était, il n'eût jamais pu conserver cette paix intérieure, et cette égalité d'âme qui a toujours paru dans sa conduite : les persécutions, ni les mauvais succès ne l'abbattaient point, parce qu'il savait que Dieu en tirerait sa gloire ; les bons succès, ni les honneurs ne l'élevaient point, parce qu'il les rapportait à Dieu comme au principe de tous les biens.

De ce fond d'humilité venait encore cette douceur inaltérable que l'on admirait en lui. Il ne brusquait ni ne rebutait personne ; il avait de la déférence pour les grands, surtout pour ses supérieurs ecclésiastiques ; de la condescendance pour ses égaux et de la charité pour les plus pauvres : il se croyait le moin-

dre de tous ; et , quoique tous les missionnaires le regardassent comme leur père , il
avait beaucoup de respect pour eux; il les estimait intérieurement et il leur parlait comme
à ses frères. Son humilité et sa douceur lui
gagnaient le cœur de tous ceux qui conversaient
avec lui ; et la pauvreté dont il faisait profession , l'aidait à pratiquer l'humilité.

La vie apostolique doit être une pratique
continuelle de la mortification ; il faut être
mort à soi-même , pour passer plusieurs années dans cet emploi, où l'on doit s'attendre
à manquer de beaucoup de choses et à souffrir beaucoup d'incommodités. Le P. Maunoir ne s'inquiétait guère des commodités de
la vie , il traitait son corps comme un esclave,
pour qui il n'avait aucune considération.

Quand il faisait tant de voyages à pied , hiver et été , portant son sac sur son dos ; quand
il se nourrissait si grossièrement , qu'il demeurait si longtemps au confessionnal , qu'il
était si mal couché , on voyait assez qu'il était
bien ennemi de son corps. Dans ses voyages ,
le premier gîte qu'il trouvait , était assez bon
pour lui; s'il en trouvait de trop commodes ,
il craignait d'y être trop à son aise. On le
surprit un jour , jetant une poignée de blé
noir entre ses draps , et, comme il ne put s'en

cacher, il dit en riant, qu'il remontait son
réveil matin : il est constant que ce grain,
étant presque triangulaire, devait bien l'empêcher de dormir trop longtemps. Dans les
autres rencontres, il était assez adroit pour
cacher ses mortifications, quoique l'on ait su
dans la suite qu'il en faisait et que l'on ait
trouvé dans son journal les résolutions qu'il
avait prises là-dessus. Rien ne marquait mieux
l'ardeur qu'il avait pour les souffrances, que
le plaisir qu'il y prenait dans les occasions qui
s'en présentaient : dans les grandes disgrâces
et dans les succès, il disait également le *Te
Deum*. Au milieu d'une persécution imprévue,
il dit au P. Martin, son compagnon : « Je vous
« avoue que cette croix-là me fait plaisir ».
Il appelait le temps de ses maladies son meilleur temps ; dans les accès les plus violents
de la goutte, il ne paraissait pas qu'il souffrît, parce qu'il n'en donnait aucune marque :
dans une grande maladie, il dit au P. Martin
qui s'offrait à passer la nuit auprès de lui :
« Laissez-moi avec la croix de notre Seigneur,
« c'est une bonne compagne. »

Celui qui mortifie de la sorte son corps, ne
pensait guère à la satisfaction de ses sens,
dont il réprimait les saillies avec tant de soin.
J'ai déjà dit qu'il avait le goût si mortifié,

que, dans les premières années de ses missions , il vivait de gros pain noir , et qu'il ne
buvait que de l'eau ; dans la suite , quand il
vécut en communauté avec les missionnaires , ses supérieurs lui ordonnèrent de manger comme eux ; mais il ne s'occupait nulle-
ment de ce qu'on lui servait , tout entier à la
lecture de table ou à quelque autre pensée :
l'on a souvent remarqué qu'il ne mangeait
rien de son choix , si ce n'était quelque chose pour se mortifier.

Il ne pensait jamais à contenter sa curiosité;
il ne faisait de visites que par rapport au bien
de ses missions ; s'il y avait quelque âme à
gagner à Dieu , c'est là ce qui l'attirait : il se
mettait peu en peine de savoir les nouvelles
où la gloire de Dieu n'était pas intéressée. Il
n'aimait point les conversations vaines et inutiles ; s'il s'y trouvait par hasard , il parlait
peu et il avait l'esprit occupé de quelques
bonnes pensées : il parlait avantageusement
de tout le monde et il n'écoutait point les mé-
disances ; en un mot, il refusait tout à ses
sens.

Il ne lui aurait pas suffi de mortifier son
corps et ses sens, s'il n'eût dompté ses passions :
c'est à quoi il s'était appliqué dès sa jeunesse :
il y avait si bien réussi , qu'il ne paraissait s'é-

mouvoir de rien ; il n'aimait que Dieu, et
tout ce qui le portait à Dieu et tout ce qui y
portait les autres : il ne haïssait que le péché,
il n'espérait d'autre récompense de ses travaux que de Dieu seul, il ne craignait que
l'offense de Dieu, il n'estimait que la vertu ;
il méprisait les grandeurs mondaines et il ne
pouvait souffrir les maximes du siècle, auxquelles il déclarait une guerre ouverte. Dans
ces dispositions où il vivait, je ne m'étonne
point que Dieu l'ait comblé de ses grâces.

Sa simplicité et sa prudence.

Peu de personnes connaissent bien ce que
Jésus-Christ entendait par ces paroles : « Soyez
simples comme la colombe, et prudents comme le serpent. » Le P. Maunoir a excellé dans
ces deux vertus apostoliques. Ce serait inuti-
lement que je m'arrêterais ici à prouver qu'il
avait éminemment cette simplicité évangélique
si contraire à l'esprit fourbe du monde : tous
ceux qui l'ont connu, en portent témoignage :
disons-en cependant un mot, pour faire voir
que c'était l'esprit de Dieu qui lui inspirait les
airs simples qu'il s'était rendus naturels par une
longue étude. Il ne savait point se fâcher contre ceux qui l'outrageaient ou le calomniaient ;

au contraire, il était toujours prêt à rendre le
bien pour le mal; et, à l'imitation des apôtres, ce doux agneau a souvent triomphé, par
sa bonté et sa simplicité, de la fureur des
loups, c'est-à-dire, de ceux qui s'opposaient le
plus ouvertement à ses missions et qui empêchaient le salut des âmes. Il avait une droiture
extrême dans ses discours et dans sa conduite,
une candeur qui l'empêchait d'user de dégui-
sement; on le pouvait croire sur sa parole : il
ne se mettait point en peine de la conduite des
autres, dont il jugeait toujours favorablement,
et il en parlait avantageusement ; tout le monde remarquait à le voir, qu'il ne se mêlait de
rien que de son emploi. Dans son emploi même il n'y avait ni affectation, ni ostentation,
et il était ravi que les autres fissent mieux que
lui ; si quelquefois il ne réussissait pas, il ne
s'en troublait point, mais il allait simplement
son chemin et entreprenait quelque autre chose où il espérait glorifier Dieu. Sa manière de
prêcher était simple, quoiqu'il s'échauffât
quelquefois en décriant le vice, ou intimidant les pécheurs ; il ne cherchait pas les applaudissements des hommes, mais plutôt leur
conversion. Il avait la conversation fort bonne
et même agréable ; mais comme il ne voulait
pas qu'on lui fît de compliments, il n'en faisait

pas non plus : il disait simplement ce qui pouvait égayer la conversation ou porter au service de Dieu.

Ce que je viens de dire est assez connu ; mais peu de personnes pouvaient, à travers ces airs simples, découvrir la prudence du serpent : levons le voile qui la couvrait, et nous en serons persuadés. Il ne me suffit point de dire que, comme le serpent expose le reste du corps, pourvu qu'il puisse sauver la tête, de même le P. Maunoir a préféré son salut à toute autre chose : il est vrai que c'est en cela que consiste la vraie prudence du chrétien, et que le Père en a fait son affaire principale ; mais un missionnaire doit, outre cela, prendre de justes mesures pour le salut du prochain : la prudence lui est nécessaire, il faut que le zèle apostolique soit discret. Il s'en pourrait trouver qui, entreprenant avec indiscrétion des affaires, outrant les vérités, donnant des scrupules mal à propos, intimidant les pécheurs quand ils sont sur le point de se convertir, et les rebutant par une rigueur outrée, causeraient plus de mal qu'ils ne feraient de bien. Le zèle du Père était discret et sa conduite prudente ; il savait fort bien les cas de conscience, il décidait nettement les difficultés les plus épineuses, et, j'ai vu quelqu'un

de ses missionnaires qui avait recueilli plusieurs
de ses décisions, qui lui ont bien servi dans
plusieurs rencontres où il se trouvait embar-
rassé. Outre la pénétration naturelle de son
esprit, qui était vif et solide, son recueillement intérieur, sa tranquillité au milieu des
soins qu'il prenait, son union avec Dieu, le
mettait en état de profiter des lumières du
Seigneur qu'il consultait dans ses embarras.
Ses missions l'occupaient entièrement; pourvu
qu'il fît la volonté de Dieu et qu'il put procurer sa gloire, il était content. L'on dit dans le
monde qu'un homme qui n'a qu'une affaire est
à craindre, parce qu'il médite incessamment le
moyen d'y réussir. C'est ce qui a paru dans
la conduite du P. Maunoir : quand les évêques
l'envoyaient faire la mission dans quelque paroisse, malgré le recteur et le seigneur du
lieu, il consultait Dieu, il implorait son secours, il pensait à la manière de gagner ceux
qui auraient pu empêcher le bien de la mission, et il y réussissait ordinairement. Quand
on avait prévenu contre lui les supérieurs ecclésiastiques, il trouvait moyen, par sa sagesse
ordinaire, de les faire revenir de leurs préju-
gés ; et il les rendait favorables à son emploi.
Fallait-il engager les prêtres à travailler dans
les missions, et quand ils étaient rebutés du

travail, à reprendre courage, il employait
toute son adresse, et Dieu favorisait ses pieuses intentions.

Ses vœux de pauvreté, de chasteté et d'obéissance.

Celui qui se portait avec tant de zèle à procurer la gloire de Dieu, et qui faisait au-delà
de ce qu'il était obligé de faire, n'avait garde
de manquer à ce qui était d'obligation. Il
n'était pas de ces personnes qui veulent paraître extraordinaires et qui manquent à leur
devoir, pendant qu'elles attirent les yeux des
hommes par des œuvres de surérogation. Le
P. Maunoir ne pensait qu'à plaire à Dieu, et
et si, pour y réussir, il travaillait infatiga-
blement à lui gagner des âmes, il était convaincu qu'il devait commencer par se sanctifier soi-même, et observer étroitement les
vœux par lesquels il s'était consacré à Dieu.

Sa pauvreté était évangelique, puisqu'à
l'exemple des apôtres, il n'avait aucune attache aux biens de la terre. L'amour qu'il
avait pour la pauvreté, l'avait engagé à faire
pendant plusieurs années ses voyages à pied:
il lui fallut avoir de fortes raisons pour en user
autrement avant la fin de ses jours. Cette mê-

me pauvreté lui faisait préférer une nourriture grossière aux mets les plus délicieux ; ses habits étaient pauvres et souvent rapiécés : son emploi était le plus souvent parmi les pauvres, il s'en faisait un vrai plaisir, parce qu'il se voyait par là semblable à son divin Maître qui a annoncé l'Evangile aux pauvres, *pauperes evangelizantur*. D'ailleurs, cet humble missionnaire était persuadé que parmi les pauvres il serait moins exposé à la vanité, et qu'il aurait plus à souffrir, soit qu'il fallût instruire ces gens grossiers, soit qu'il fallût les confesser ou les obliger de quitter leurs anciennes superstitions. Cet esprit de pauvreté arrêta le P. Maunoir, à sa dernière maladie, dans le presbytère de Plevin, qu'il préféra au château de Kerlouët, et le fit mourir parmi les pauvres gens de la campagne, content d'être enterré au milieu d'eux.

Sa chasteté était angélique, il ne pouvait rien souffrir qui en pût ternir la beauté : pour la conserver, il usait de grandes mortifications et d'une vigilance continuelle, ainsi qu'il est arrivé à Jésus-Christ, qu'il regardait comme son modèle. On a inventé contre lui plusieurs calomnies ; mais on a épargné sa chasteté, contre laquelle la fureur de ses ennemis n'a rien trouvé à redire. Son humilité, sa mortification, sa circonspection et son union avec Dieu l'ont préservé de la corruption au milieu du monde perverti.

Que dirai-je de son obéissance, qui l'a rendu si soumis aux ordres de ses supérieurs? Avant que de commencer ses missions, il attendit que le R. P. Général l'y envoyât : quand il y fut occupé, il quitta une fois celle du Faouët pour aller à Rennes accompagner son P. Recteur : il se fit un plaisir à la mission de Pleuben, et à celle de Quimper, de suivre les lumières et les ordres du R. P. Recteur, qui y présidait. Le R. P. Pinette, Provincial, ayant entendu quelques calomnies contre le P. Maunoir, et y ayant ajouté foi, le menaça de l'envoyer à Pontoise ; dès que cet humble missionnaire fut sorti de sa chambre, il alla prendre son bâton, son bréviaire et son manteau, et vint se présenter à son supérieur, tout prêt à partir : le P. Provincial admira cette promptitude, ce dégagement et cette obéissance, et ne put s'empêcher de publier dans toute la province la vertu du P. Maunoir qu'il laissa dans son emploi. Ce fervent missionnaire qui ne passait pas beaucoup de temps au collége, était des plus ponctuels à tout, dès qu'il y restait quelques jours : hors du collége, il était exact à l'observation des règles qui pouvaient compatir avec son emploi.   Je

Je pourrais parler encore des autres vertus du P. Maunoir, et il me serait facile de faire voir que toute sa vie a été employée dans la pratique de toutes les vertus chrétiennes ; elles ont ensemble une grande connexion, et l'on peut aisément comprendre que celui qui a pratiqué les plus difficiles, a eu les autres éminemment.

Témoignages en faveur de sa haute vertu.

Pour preuve de ce que je viens de dire, il suffit d'interroger les plus fameux missionnaires qui ont connu plus particulièrement le P. Maunoir ; voici le témoignage qu'ils en donnent trente-deux ans après sa mort; ils sont tous distingués par leur mérite et d'un âge fort avancé, ils ont signé la déposition suivante. Si je ne craignais d'ennuyer le lecteur, je citerais le témoignage de plusieurs autres, qui ont signé la même chose.

DÉPOSITION.

« Si le témoignage des enfants est recevable
» en faveur de leur père, le public souffrira
» que nous donnions unanimement au R. P.
» Julien Maunoir, de la Compagnie de Jésus,
» cette marque de notre profond respect et de
» notre parfaite reconnaissance ; il nous a ai-
» més comme ses enfants, il nous a élevés avec

4

» tendresse, il nous a formés avec soin : ses
» discours et ses exemples ont été pour nous
» des leçons que nous n'oublierons jamais : sa
» mémoire nous est aussi présente et aussi
» chère, trente-un ans après sa mort, que
» s'il ne venait que de disparaître à nos
» yeux. Qui pourrait exprimer les vertus ad-
» mirables que nous lui avons vu pratiquer?
» Nous en avons lu le recueil que l'on met en
» lumière ; nous n'y trouvons rien que de
» très-véritable , et , s'il nous était permis
» d'y ajouter quelque chose, nous pourrions
» citer des circonstances particulières où
» chacune de ses vertus a éclaté. Quelle pu-
» reté de doctrine ne nous enseignait-il pas
» dans ses conférences ? quelle ferveur ne
» nous inspirait-il pas dans ses entretiens
» pleins de piété et de zèle ? quelle droiture ne
» faisait-il point paraître dans toute sa con-
» duite ? Rien ne le rebutait, quand il s'agis-
» sait de la gloire de Dieu et du salut du pro-
» chain : les fatigues de quarante-deux ans
» de missions ; les contradictions, la grossiè-
» reté des pauvres gens, la rigueur des sai-
» sons, l'assiduité au confessionnal , les veil-
» les , la mauvaise nourriture, le travail con-
» tinuel lui paraissaient non-seulement toléra-
» bles, mais encore aimables, quand il pensait

» combien les âmes avaient coûté à Jésus-
» Christ. Que de motifs pressants sa charité
» ne lui suggérait-elle pas pour nous encou-
» rager à procurer le salut des âmes ? Nous
» avons tous travaillé avec lui dans les mis-
» sions : il nous est glorieux et avantageux
» d'avoir fait notre apprentissage sous un chef
» si zélé et si expérimenté ; et nous nous trou-
» vons heureux de lui avoir survécu si long-
» temps, pour donner à tout le monde cette
» marque de la vénération que nous conser-
» vons pour ce grand serviteur de Dieu : nous
» l'avons toujours trouvé d'une humeur égale
» et sans altération dans les bons et les mau-
» vais succès ; la prospérité ne l'élevait point,
» et les contradictions ne lui faisaient point per-
» dre courage ; il était humble, sage, édifiant,
» mortifié, pauvre, simple, toujours prêt à
» secourir son prochain, à rendre service à
» ses ennemis et à tout entreprendre pour
» gagner des âmes à Dieu ; ferme dans l'exé-
» cution de ses desseins et plein de confiance
» dans le bras du Tout-Puissant, qui le sou-
» tenait. Toutes ces vertus étaient éminentes
» dans lui, et il en avait pratiqué plusieurs
» actes héroïques dans le cours de sa vie, qui
» a été terminée par une mort précieuse de-
» vant Dieu, qui continue de faire des prodi-

» ges par son intercession : nous attendons,
» pour le révérer comme un saint, que le
» souverain Pontife le déclare tel, et permette
» de lui rendre les honneurs que nous
» croyons être dus à ses mérites. C'est la pure
» vérité et la justice qui nous obligent de faire
» cette déclaration authentique, que nous
» avons signée dès que nous avons appris que
» l'on avait dessein de chercher des preuves
» de ses vertus éminentes, dont nous avons
» été tous témoins, ayant souvent travaillé en
» mission sous sa conduite. Fait l'an 1714.

Guillaume Caro, vic.-gén. de Cornouaille,
François Le Tallec, seigneur du Styffel,
Allain Dagorn, recteur de Plussulien,
Allain Ligavan, recteur de Plougoff,
Nicolas Rolland, recteur de Landudec,
Jean Plounevé, de Plevin,
Jacques Haouël, de Quimper,
Jacques Kerfridin, de Plouzevet,
H. Le Bourbon, de Pouldresic,
Allain Le Pavec, de Canivel,
Yves Bauguion, de Châteaulin,
François Le Joudec, de St-Nicodème,
Jacques Citol, de Plouyé,
Louis Le Gal, de Bothoa,
Jacques Stenou, de Maël,

Guillaume Clec'h, recteur de Pedernec,
Louis Daniel, recteur de Guenezan,
Al. Crolbo, recteur de Berc'het,
Jean Jeffroy, recteur de Ploulec'h,
Jean Mevel, recteur de Tredrez,
Pierre Fercoq, recteur de St-Vincent,
Jean Francés, recteur de Gomenec'h,
François Calaix, recteur de Botsorc'hel,

de Tréguier.

Jean Leuduger, scolastique et chanoine
   de Saint-Brieuc (5).
Jacq Lesné, rect. de St-Martin, à Lamballe,
François Guérin, recteur de Dolo,
Jacques Gicque, vic. perpétuel de Plénest,
Claude L'hostélier, recteur de St-Alban,
Guillaume de Guise, recteur de Pludual,
Olivier Le Quiniat, de Plouha.

de Saint-Brieuc.

A ce témoignage d'un si grand poids, et si glorieux pour le P. Maunoir, nous ajoutons une autre autorité plus haute encore : celle des évêques dans le diocèse desquels il travailla le plus constamment.

Mgr du Louet, évêque de Quimper, le nommait l'ange visible de son diocèse.

Mgr Baltazar Grangier disait, que depuis saint Vincent Ferrier, nul ouvrier évangélique n'avait travaillé au salut de la Bretagne avec autant de succès que le P. Maunoir.

Mgr de la Barde, l'appelait l'homme de Dieu dans la Bretagne, lui qui était si bien l'homme de Dieu dans son diocèse.

Mgr de Coëtlogon, lors des recherches du P. Boschet, pour composer la vie du P. Maunoir, écrivit la lettre pastorale suivante :

« François de Coëtlogon, par la grâce de » Dieu, évêque de Quimper et comte de Cor- » nouaille, aux fidèles qui ces présentes ver- » ront, salut en notre Seigneur. Pour coopé- » rer au bon dessein de faire connaître la sain- » te vie du R. P. Julien Maunoir, de la com- » pagnie de Jésus, j'imiterai saint Jean qui dit, » en parlant du Sauveur : *Quod vidimus ocu-* » *lis nostris, quod perspeximus.......... an-* » *nuntiamus vobis. Nous vous publions ce* » *que nous avons vu de nos yeux.* Les choses » qui se sont passées à ma vue les seize à dix- » sept dernières années que ce R. Père a vé- » cu, qui est le temps que je l'ai pratiqué, » semblent m'obliger à rendre témoignage à » ses illustres vertus. J'ai toujours reconnu » que, bien loin de se conduire par l'esprit du » monde, il n'agissait uniquement que par » un esprit de bonté, de simplicité, de dévo- » tion et de soumission continuelle; avec une » doctrine, une sagesse et une prudence angé- » lique; sans jamais paraître mécontent ni

» mécontenter personne. Dans les plus gran-
» des fatigues, au milieu des persécutions,
» des calomnies et même en danger de mort,
» il était aussi paisible que dans ses délices
» spirituelles. Or, une pareille tranquillité de
» cœur étant, selon saint Ignace, fondateur
» de la compagnie de Jésus, une marque in-
» faillible de sainteté, il est certain que le fils
» de ce grand patriarche et son imitateur, le
» P. Julien Maunoir, possédait éminemment
» cette auguste qualité de saint. Dieu le favo-
» risait aussi de plusieurs grâces prodigieuses
» pour le salut des âmes et pour la santé des
» corps. Les sacrés fruits qu'il a fait dans mon
» diocèse et dans plusieurs autres de la pro-
» vince, par son talent particulier de catéchi-
» ser, par sa méthode de prêcher, par son
» application à confesser et par sa vie toute
» céleste, sont si admirables, qu'il me paraît
» à bon droit avoir mérité le nom d'apôtre de
» la Bretagne. Quand il n'y aurait que la ver-
» tu et la perfection qu'il a établie parmi nos
» ecclésiastiques, cela seul aurait été capable
» de lui acquérir ce beau nom. Avant ces mis-
» sions très-peu de prêtres prêchaient et ca-
» téchisaient dans mon diocèse ; mais depuis
» un très-grand nombre, formés à la prédi-
» cation par sa conduite, sont recherchés par-

» tout et travaillent heureusement à la con-
» quête des âmes. Ce qui me persuade que
» ces paroles du Sauveur à ses apôtres se vé-
» rifient aussi dans la personne du P. Mau-
» noir : *Posui vos ut eatis et fructum afferatis*
» *et fructus vester maneat. Je vous ai mis*
» *pour prêcher ma parole, et pour produire*
» *des fruits dignes de l'éternité.* En effet, de-
» puis son décès, la mémoire de ses saintes
» instructions et de ses grands exemples de
» vertu augmente la dévotion du peuple et
» le zèle des ecclésiastiques. *Domino coope-*
» *rante et sermonem confirmante sequentibus*
» *signis.* Dieu coopérant dans toute la Breta-
» gne à la gloire de son serviteur, en faisant,
» par son intercession charitable, des pro-
» diges dont on ne peut douter, après les at-
» testations de presque une infinité de témoins
» de toutes conditions, et après les informa-
» tions juridiques que nos commissionnaires
» nous en ont faites et nous en font encore
» continuellement. Donné à Quimper, dans
» notre palais épiscopal, ce 14 Octobre 1684.
» Les grands services que le défunt a rendus
» dans notre diocèse, les quarante-deux der-
» nières années de sa vie, nous obligent de
» porter, quoiqu'en abrégé, ce témoignage de
» vérité à son heureuse mémoire. »

RECUEIL DES MIRACLES

DU R. P. JULIEN MAUNOIR,

De la Compagnie de Jésus.

———◆———

PRÉFACE.

J'ai longtemps délibéré si je devais entreprendre de donner au public un recueil des miracles que le Seigneur a opérés par l'intercession du R. P. Julien MAUNOIR, de la compagnie de Jésus, missionnaire en Bretagne. J'avais de fortes raisons qui m'y engageaient, et c'était pour moi une extrême peine de voir que personne n'osait publier les merveilles par lesquelles Dieu voulait faire connaître les vertus incomparables de ce fidèle serviteur, qui lui avait gagné une infinité d'âmes dans toute la Bretagne, et dont la mission avait été confirmée par tant de prodiges.

D'un autre côté, je prévoyais les railleries que certaines personnes feraient des miracles les plus avérés, qu'ils révoqueraient en doute sans se donner le loisir d'en examiner la vérité : le seul mot de miracle révolte ces esprits

4*

incrédules, soit qu'ils n'en veuillent croire aucun, ou qu'ils se persuadent que le bras de Dieu est raccourci, et que, s'il a fait autrefois de ces sortes de prodiges, il n'en puisse ou n'en veuille pas faire aujourd'hui.

Les saints Pères, et après eux les théologiens, conviennent que les miracles qui ont été faits en confirmation de notre religion, sont une preuve évidente qu'elle est la seule véritable et qu'elle doit être seule reconnue dans l'univers, puisque le Seigneur a fait voir par là qu'il approuvait le culte que nous lui rendons, et que la foi, dont nous faisons profession, est celle qu'il autorise par cette marque évidente qu'il nous en donne. Je sais que nous avons plusieurs autres preuves certaines, que nous sommes dans la véritable Eglise; mais il n'y en pas qui fassent plus d'impression sur l'esprit du peuple qu'un miracle évident, fait en sa présence, pour prouver la vérité des mystères qu'on lui prêche. Quand les apôtres guérissaient les malades au nom de Jésus-Christ, on se voyait obligé d'ajouter foi à leur doctrine, et quand après eux des missionnaires zélés ont fait de semblables miracles, les païens mêmes ont reconnu la solidité des maximes et des vérités qu'ils voyaient autorisées par ces prodiges qui ne se pouvaient faire que par la vertu du Tout-Puissant. On ne peut nier, sans témérité et sans tomber dans une erreur manifeste, qu'il ne se soit souvent fait des miracles; et celui qui n'en voudrait pas convenir, parce qu'il n'en a pas été témoin lui-même, ne se rendrait pas moins ridicule que celui qui nierait qu'il n'y a point une ville de Rome, parce qu'il ne l'a jamais vue. J'avoue qu'il se trouve des impies qui, pour avoir le plaisir de contester les vérités les plus claires, tiennent des discours scandaleux, croyant peut-être faire voir par là la fécondité de leur esprit.

Laissons ces libertins qui veulent saper les fondements les plus solides de la religion, pour mener impunément une vie criminelle, et convenons de bonne foi, qu'il a plu à Dieu de faire plusieurs miracles, soit pour donner de l'éclat à la sainteté de ses serviteurs, soit pour confirmer la vérité de leur doctrine : avouons même que, dans ces derniers siècles, il s'en est fait un très-grand nombre, comme il paraît dans les procès-verbaux de la canonisation des saints ; que l'Eglise nous oblige de révérer, après avoir examiné la sainteté de leur vie et la vérité de leurs miracles.

Il s'agit à présent de donner des preuves évidentes des miracles que Dieu a faits par l'intercession du P. Maunoir. Les attestations

de diverses personnes, de différentes conditions, qui n'ont nul intérêt à publier des
mensonges, nous fourniront ces preuves et
convaincront les plus incrédules des événe-
ments prodigieux que ce zélé missionnaire a
opérés pendant sa vie et après sa mort. Au
reste, ne vous étonnez pas de ces effets surprenants de la toute-puissance de la bonté de
Dieu : il fallait déraciner des superstitions
exécrables, qui étaient communes en Bretagne; détrôner le démon qui y exerçait son
empire ; instruire les peuples qui y vivaient
dans une ignorance grossière ; enseigner les
principes de la foi qui y étaient peu connus
surtout à la campagne ; établir, pour ainsi dire , la religion dans un pays , où l'on n'entendait que rarement parler de nos mystères.
Peu s'en faut que je n'applique ici le raisonne-
ment de saint Augustin , lorsqu'il prouve que
Dieu a fait des miracles au commencement de
l'Eglise , pour lui donner de l'accroissement;
puisque si elle s'est établie dans le monde sans
miracles , c'est là le plus grand de tous les miracles : dirai-je aussi que si un simple religieux , sans crédit et sans autorité , a surmonté tous les obstacles qui se sont opposés à la
prédication de l'Evangile , s'il a soumis à la
loi de Jésus-Christ et rendu pieux un peuple

qui profanait les jours les plus saints par des assemblées scandaleuses, qui, de peur d'entendre la parole de Dieu, sortait de l'église quand le prédicateur montait en chaire, qui invoquait le démon dans ses besoins, et qui, dans son ignorance grossière, ne donnait aucune marque de religion : si, dis-je, ce digne ministre de Jésus-Christ a pu réussir dans cette entreprise si difficile, sans faire de miracles, c'est là un prodige digne de notre admiration.

On ne peut pas nier que saint François Xavier, l'apôtre des Indes, n'ait fait de grands miracles, pour autoriser par là les vérités qu'il annonçait aux infidèles. Le P. Maunoir a été l'apôtre de la Bretagne, et l'on ne doit pas s'étonner de voir qu'il n'ait confirmé sa mission par des miracles manifestes : sans cela, il n'eût pu confondre les démons, qui s'opposaient ouvertement aux succès qui l'accompagnaient partout ; il lui eût été impossible d'abolir les superstitions diaboliques et les restes de l'idolâtrie qu'il a trouvés en quelques endroits de la Bretagne. N'y voyait-on pas encore, il y a cinquante ans, l'idole de Vénus sur une montagne (*), où les païens superstitieux ve-

_____

(*) A Bieuzy, évêché de Vannes ; elle fut transportée depuis au château de Quenipily, appartenant au marquis de Lannion.

naient demander la pluie et le beau temps avec des cérémonies infâmes? Et quel murmure ne s'éleva-t-il point contre les zélés missionnaires qui firent abattre cette grande statue de pierre, où il se commettait tant de crimes?

On sait assez la guerre ouverte que le P. Maunoir avait déclarée aux démons, les saintes adresses dont il se servait pour découvrir leurs embûches, et pour engager ceux qu'ils avaient trompés, à déclarer dans leurs confessions des péchés qu'ils étaient résolus de céler toute leur vie : on sait les contradictions que ces esprits malins lui avaient suscitées : on sait que ce missionnaire intrépide avait enfin triomphé, avant la mort, de toutes les puissances de l'enfer, et que ses travaux avaient des succès prodigieux. Quelle peine a-t-on donc à croire que Dieu s'intéressât à la gloire de son serviteur, ou plutôt à sa propre gloire ? Les miracles que le P. Maunoir faisait, gagnaient à Dieu une infinité d'âmes, et l'on peut dire que les vertus éminentes et les travaux continuels de cet homme apostolique ne pouvaient pas être trop autorisés du ciel.

Ce qui me plaît le plus dans ce recueil, c'est que je ne cite pas ici des miracles arrivés dans des pays éloignés, où le lecteur ne puisse pas s'informer de ce qu'on lui a dit : la distance

des lieux et des temps peut grossir ; ou diminuer les objets selon la disposition de celui
qui en parle ; et l'impossibilité où l'on se
voit de le contredire, fait que l'on y ajoute moins
de foi et que l'on suspend son jugement. Il
n'en est pas de même de ce qui s'est passé ,
pour ainsi dire , sous nos yeux ; et nous au-
rions bientôt convaincu d'imposture celui qui
nous attesterait des faits faux et qui nous ci-
terait des témoins qui pourraient lui donner le
démenti. Si l'on commençait , après quelques
siècles , à parler des miracles du P. Maunoir,
sur de simples mémoires qu'on aurait trouvé
dans une bibliothèque , un homme d'esprit
aurait droit de croire que ces mémoires sont
aussi faux que plusieurs autres qu'on nous cite
souvent mal à propos : mais je parle de ce que
nous avons vu , je produis des témoins qui
vivent encore , que l'on peut interroger et qui
n'ont nul intérêt à mentir. Toute la Bretagne
peut vérifier ce que j'écris. Cela m'oblige à
ne rapporter que des faits sûrs et à prendre
de grandes précautions pour ne rien exagérer.
Ce que je puis assurer, c'est que les témoins
que je produis, ne pourront pas me contredire sans se contredire eux-mêmes, et sans
être convaincus de parjure : s'ils savent écrire,
j'ai leurs dépositions signées de leur main , et

reçues par des commissaires députés pour cet effet par Mgr l'évêque de Quimper ; s'ils ne savent point signer , ils ont fait signer par d'autres , et MM. les commissaires ont signé les dépositions qu'ils ont reçues , après avoir exigé les serments de ceux qui protestaient avoir vu quelqu'un des miracles que je rapporte. Comme le P. Maunoir est mort et enterré en Cornouaille , c'est là qu'on a choisi des commissaires d'un mérite distingué , pour recevoir les dépositions des témoins.

Peut-on prendre de plus grandes précautions pour s'assurer de la vérité, que celles que j'ai prises dans cette occasion ? Voudrait-on soupçonner de mauvaise foi des ecclésiastiques éclairés , députés par leur évêque, pour faire les informations ? Oserait-on dire que tant d'honnêtes gens qui font leur déposition juridique pour rendre à Dieu la gloire qui lui appartient , et pour donner au P. Maunoir des marques de leur reconnaissance , voulussent, comme de concert, en imposer au public , et publier des miracles qui ne seraient jamais arrivés? ou , quel profit auraient-ils à inventer de telles impostures ? Tout homme de bon sens doit croire ces sortes de dépositions , et ce serait une bizarrerie extravagante de dire qu'il n'y a rien que de naturel dans des guérisons, que tant de personnes éclairées avouent être miraculeuses.

Par exemple, Jean de Boisadam, âgé de sept ans, avait deux bosses, l'une sur le dos, l'autre sur la poitrine ; il était paralytique, et avait les jambes toutes contrefaites, de manière à ne les pouvoir allonger : sa mère, Marguerite Jégou, le voue au P. Maunoir qui le guérit d'abord de ses deux bosses ; l'enfant est connu de tous les voisins, toute la ville de Carhaix est témoin de sa guérison ; l'enfant étant porté à Plévin, se trouve parfaitement guéri de la paralysie, sur le tombeau du P. Maunoir ; il a vécu six mois en parfaite santé après cette guérison. Le père, la mère, M. de Kerlouët ; gouverneur de la ville, les voisins attestent cette guérison subite. Plus de dix ans après, je me suis fait raconter tout de nouveau les circonstances de ce miracle par la mère de l'enfant et par une de ses voisines. Vers le même temps, Mgr de Quimper en a fait faire une nouvelle information juridique par un commissaire, et son information s'est trouvée parfaitement conforme à la première. Peut-on nier la maladie de l'enfant ? elle était connue dans la ville. Peut-on révoquer en doute sa guérison subite par l'intercession du P. Maunoir ? les informations juridiques en font foi.

A quelle cause naturelle attribuera-t-on ce prodige ? n'est-on pas obligé d'avouer que c'est un miracle évident ? Le P. Boschet, de la compagnie de Jésus, qui a composé la vie du P. Maunoir, raconte ce fait plus amplement, c'est ce qui m'empêche d'en expliquer toutes les circonstances, pour ne redire pas ce qui a été écrit avant moi. Ce Père avait des mémoires fort fidèles, et il raconte plusieurs autres miracles fort avérés, dont je n'ai pas besoin de parler, puisque, sans user de redites, j'en ai beaucoup d'autres également certains à raconter.

Il y en a même une si grande quantité, que l'un de mes embarras est d'en choisir quelques-uns préférablement aux autres. J'ai prié deux de Nosseigneurs les évêques de faire par eux-mêmes quelques nouvelles informations ; ils en ont fait de juridiques avec toute l'exactitude possible, et j'ai cru qu'un plus grand nombre de ces nouvelles informations aurait été inutile, puisque les premières ont été juridiques, et que les témoins, aussi bien que les personnes guéries, ne pourraient que redire ce qu'ils avaient signé et assuré par serment. C'est ce que me répondit un jour un fameux avocat du parlement de Bretagne, qui avait évidemment ressenti les effets du pouvoir

que le P. Maunoir a auprès de Dieu : lui et
deux de ses enfants avaient été guéris miraculeusement en diverses occasions par l'intercession du bon Père : je le priai de me raconter
ces guérisons : il me répliqua qu'il avait donné
son attestation dans la pure vérité, qu'il l'a-
vait signée dans les temps que les miracles venaient d'arriver ; que plusieurs années après il
pourrait altérer quelque chose dans le récit
qu'il en ferait, et qu'il n'y avait rien de si sûr
que ce qu'il en avait dit dans sa déclaration.
Cette réponse me paraît de bonne foi, et il me
semble que si quelqu'un veut s'informer de la
vérité de quelqu'un des miracles que je rapporte, il doit en lire le récit à celui qui en
avait donné son témoignage, et lui demander
si la chose était arrivée comme elle est rappor-
tée dans ce recueil et comme il l'avait signée
quand elle était encore récente : les idées s'ef-
facent aisément, et il est facile de changer des
circonstances à chaque fois que l'on parle du
même événement, surtout après une vingtaine
d'années.

Je conserve les informations qu'on a faites
des miracles que je raconte ; elles sont bien
garanties et signées par les témoins et par les
commissaires, et je puis assurer qu'on n'y dit
que la pure vérité. Quoique je conserve les

noms de ceux qui y ont signé, je ne les rapporterai pas tous : le lecteur s'ennuierait bientôt de trouver à chaque page tant de noms in-
connus.

Parmi ces miracles les uns sont évidents,
les autres, absolument parlant, se pourraient
attribuer aux forces de la nature ; il n'y a que
les circonstances qui fassent connaître que
c'est la toute-puissance divine qui les a opérés subitement : lorsque la guérison est prompte et que le cours du mal s'est arrêté dès
que le malade a été voué, il y a lieu de croire que c'est un miracle : je ne rapporterai
que très-peu de miracles qu'on puisse contester : j'en ai une infinité d'autres qui sont
évidents.

Quand je ne pourrais citer qu'un ou deux
miracles avérés, c'en serait assez pour faire
connaître le pouvoir que le P. Maunoir avait
auprès de Dieu. On a canonisé des saints qui
n'en avaient fait que très-peu, et cependant
l'Eglise a fait rendre à leurs vertus la gloire
qu'elles méritaient, et nous oblige de reconnaître leur sainteté.

Comme le P. Maunoir a soulagé plusieurs
personnes pendant sa vie et après sa mort, je ne
crois pas que celles que je cite, trouvent mauvais que le public sache les grâces qu'elles ont

reçues par ses prières ; elles ont été les premières à en témoigner leur reconnaissance, et à
déclarer ces sortes de faveurs. D'ailleurs,
comme l'attestation des personnes distinguées
par leur qualité et par leur mérite personnel,
contribue plus à la gloire des serviteurs de
Dieu, que la déposition même juridique des
gens du peuple, il ne faut pas s'étonner de
voir cet ouvrage autorisé par le témoignage
de plusieurs prêtres, religieux, religieuses,
personnes de qualité et d'une grande distinction dans le monde, qui n'ont aucun intérêt à
publier de faux miracles, et que l'on doit
croire sur leur parole.

ARTICLE PREMIER.

De quelques faveurs que Dieu lui a faites pendant sa vie et de son don de prophétie.

Le P. Maunoir avait tant de soin de cacher
les faveurs singulières que le Seigneur lui accordait en particulier, qu'il ne lui est échap-
pé que très-rarement d'en parler. Dans le
journal où il marquait le fruit de ses oraisons, et que je conserve écrit de sa main, il
parle de certaines communications intimes
qu'il avait eues avec Dieu, même dès son no-

viciat , et il donne à entendre que Dieu le disposait par là à travailler au salut du prochain. Pendant le cours de ses missions , les consolations extraordinaires que Dieu versait dans son âme , le fortifiaient dans ses fatigues. Il ne pouvait pas cependant cacher tellement ces faveurs singulières qu'on ne s'en aperçût pas quelquefois. Un jour qu'il faisait son oraison dans une chapelle domestique d'un château , le jardinier le vit élevé à deux pieds de terre , et tout absorbé en Dieu ; mais comme l'on n'a pas fait une information juridique de cette faveur , je n'insiste point là-dessus. En voici un autre dont j'ai le certificat bien garanti :

M. l'abbé de Kermeno , plus connu aujourd'hui sous le nom de M. Plivern , fondateur des religieuses Hospitalières de Lannion , vit un jour une grande lumière , qui environnait la tête du P. Maunoir. Ce fervent religieux venait de dire la messe et de finir son action de grâce ; plein de Dieu et pénétré de dévotion , il rentrait de la sacristie dans le collége de Quimper : lorsqu'il fut au bout d'une galerie , M. de Plivern , qui logeait alors à la maison de retraite de Quimper, vit de l'autre bout de la galerie , la tête du P. Maunoir environnée de lumière , il en fut surpris, et ne le reconnut que quand il s'en approcha de plus près. Ce prêtre zélé, qui a travaillé dans les missions du P. Maunoir, est digne de foi, et dès lors il conçut de grands sentiments d'estime pour le serviteur de Dieu.

Une autre fois, le P. Maunoir étant allé avant le jour, en hiver, dire la messe aux Ursulines de Quimperlé, M. le Garrec, leur confesseur, qui lui avait servi la messe, vit qu'en revenant de l'autel à la sacristie, il avait le visage rayonnant, et toute la tête environnée de lumière. Je trouve des certificats qui assurent, qu'en deux ou trois autres rencontres, la même chose lui était arrivée; surtout à la mission de Saint-Georges-de-Raintambeau, pendant tout un sermon, M. le curé de la paroisse et d'autres personnes virent un soleil au-dessus de sa tête.

Ces faveurs extraordinaires de Dieu ne se peuvent croire sans qu'on en fournisse de fortes preuves : cela me fait en passer sous silence un grand nombre, dont les témoins n'ont pas fait une déposition juridique : en voici cependant encore quelques-unes que je ne puis taire, parce qu'elles paraissent plus sûres. Dans une grande maladie que le P. Maunoir eut à Quimperlé, l'an 1663, chez Mme Coëtaven, mère du sénéchal de la ville,

lorsqu'il fut sur le point de recevoir le saint
Viatique qui le guérit , contre toute espérance, il eut une espèce de ravissement , où
il lui sembla entendre le doux concert des
anges , et où son cœur fut si pénétré de dévotion, qu'il s'en souvint avec reconnaissance le
reste de ses jours ; la nuit précédente, il avait
eu une visite du ciel , qu'il ne put s'empêcher d'avouer à un mercier, nommé *Yvonic*,
qui avait soin de lui dans sa maladie. Saint
Corentin s'apparut à lui pour le fortifier , et
ensuite la sainte Vierge le vint visiter , et
remplit de clarté la chambre où il était malade ; elle l'entretint assez longtemps , et en
se retirant , elle le laissa plein d'une douceur
céleste. Cette double grâce et peut-être quelques autres qui ne sont pas venues à notre connaissance , l'obligèrent de dire à la D^elle chez
qui il logeait , qu'il n'avait jamais reçu tant
de faveurs du ciel que dans cette dernière
maladie : plus de douze ans après , en passant
à Quimperlé et logeant dans la même chambre , où il avait été malade , il dit au P.
Martin , son compagnon : « Récitons le *Te*
« *Deum* , pour remercier Dieu des grâces
» qu'il m'a accordées ici. » Mais il ne voulut
pas lui expliquer quelles étaient ces faveurs.

Comme il était toujours uni à Dieu , et
qu'en

qu'en voyage comme ailleurs , il en était
pénétré : j'ai su de M. le sénéchal de Quimperlé , chez qui il logeait souvent, qu'il l'a-
vait un jour rencontré sur le chemin d'Auray ,
sans oser , par respect, l'interrompre dans la
profonde contemplation où il le remarqua :
M. le sénéchal l'aperçut de loin et forma le
dessein de l'entretenir comme un ami, qu'il
était bien aise de voir ; mais quand il s'en approcha, il le remarqua les yeux élevés vers le
ciel , et insensible à tout ce qui se passait
hors de lui : cela l'empêcha de le distraire ,
et il se contenta de le saluer , sans lui parler :
le P. Maunoir ne s'aperçut de rien.

Ce que je vais dire est encore plus surprenant. M. de la Bagotays, gentilhomme de mérite , et qui avait passé plusieurs années à la
guerre, où il n'avait pas appris à être trop
crédule, nous a laissé par écrit ce qu'il a
souvent dit de vive voix : que M. Galerne,
recteur de la paroisse de Mûr , promoteur de
Cornouaille , et l'un des premiers missionnaires du P. Maunoir, accompagnait ce Père
un jour sur le chemin de Pontecroix , l'an
1675 ; quand ils s'approchèrent de la chapelle de Notre-Dame de Confort , ils virent
M. Le Nobletz, en surplis, apparaître : le P.
Maunoir descendit de cheval , et ils allèrent

5

tous deux se mettre à genoux sur le seuil de
la porte de la chapelle qui était fermée à clef et
qui s'ouvrit incontinent ; aussitôt la chapelle
fut remplie d'une grande lumière ; plusieurs
anges y parurent et la sainte Vierge en haut
sur un trône. M. Le Nobletz lui présenta le
P. Maunoir, elle lui donna sa bénédiction, et
aussitôt toute la vision disparut ; alors le P.
Maunoir vint réjoindre son compagnon de
voyage, qui était demeuré à la porte, et qui
a fait cette déposition.

Un jour qu'il faisait des visites dans la ville
de Saint-Brieuc, à quelques personnes zélées
pour ses missions, il s'arrêta dans la rue,
et il dit au P. Martin, son compagnon:
« Retournons au plus tôt en Cornouaille,
» il faut nous en aller, Dieu vient de m'en
» avertir. » Sur cela ils partirent, et le P.
Maunoir vint mourir à Plevin, comme il l'a-
vait prédit quelque temps auparavant. Voici
l'occasion de cette prédiction : le P. Maunoir
était malade à Bourbriac, paroisse de l'évêché
de Tréguier ; M. Goff, zélé missionnaire de la
même paroisse, l'entretenant dans sa maladie, lui demanda avec confiance s'il mourrait à Bourbriac ; la vénération qu'il avait pour
le Père, lui fit croire que le lieu de sa mort
ne lui était pas inconnu ; le Père lui répondit

qu'il ne mourrait pas là, mais que ce serait
au milieu des terres de saint Corentin, c'est-
à-dire, où il est mort en effet : car Plevin est
comme le centre de la Cornouaille. Quelqu'un
lui ayant demandé dans une autre rencontre,
où il voulait être enterré, il répondit que l'arbre demeurerait où il tomberait : ce qui est
arrivé malgré tous les efforts que l'on fit pour
enlever son corps, afin de l'enterrer à la cathédrale de Quimper.

Puisque j'ai commencé à parler de son don
de prophétie, en faisant voir les communications qu'il avait avec Dieu, il est à propos
que je rapporte plusieurs prédictions qu'il a
faites, et dont l'événement à fait connaître
la vérité. Un jour qu'il s'entretenait avec le
recteur d'une paroisse, où il avait logé, il vit
passer auprès d'eux un enfant de six ans : le
P. Maunoir, après s'être un peu recueilli, dit
à M. le recteur, ces paroles remarquables :
« Prenez bien garde à la conduite de cet enfant;
» car il sera le plus méchant homme de votre
» paroisse » : ce qui se vérifia dans la suite. Cet
enfant ayant appris à lire et à écrire, se fit maître d'école, quand il fut grand, il enseigna les
jeunes garçons et les jeunes filles, et il commit
des impuretés effroyables; il passa 14 ans sans
se confesser, ainsi qu'il l'avoua dans sa maladie

mortelle à M. Gueguen, qui est mort en ré-
putation de sainteté, vicaire perpétuel de
Lannion. C'est lui qui m'a raconté cette prédiction et la suivante. Un gentilhomme qui
demeurait à deux lieues de Carhaix, et que je
ne nomme pas, pour épargner à sa famille la
peine que cela lui ferait, vivait d'une manière
scandaleuse et indigne de sa qualité ; le P.
Maunoir étant entré chez lui, il y fut très-mal
reçu et y trouva occasion de pratiquer l'humilité et la patience, il en bénit Dieu dans le
cœur, et il se vengea de son hôte comme les saints
ont coutume de faire ; il pria Dieu avec instance pour celui dont il avait lieu de se plaindre, et quelques personnes qui surent des do-
mestiques ce qui s'était passé, ayant témoi-
gné au Père la peine que cela leur faisait, ravi d'avoir souffert quelque chose pour Jésus-
Christ, il leur répondit que ce gentilhomme
se convertirait, et qu'il serait un jour un modèle de pénitence et de piété ; ce qui est arrivé en effet dans la suite des temps.

La prédiction suivante a été bien plus connue, et plusieurs en portent encore aujour-
d'hui témoignage. Le P. Maunoir avait ordinairement recours à Mme Pratglas pour les
bonnes œuvres, où la libéralité de quelques
personnes charitables lui paraissait néces-

saire. Elle qui connaissait son mérite, ne lui
pouvait rien refuser : elle avait beaucoup de
confiance en lui, et elle l'alla visiter dans sa
maladie mortelle ; le Père qui la voyait affligée de sa mort, parce que, par les discours
qu'il tenait, elle voyait assez qu'il devait mourir de cette maladie, lui dit de s'en retourner
à Quimper, et il lui ajouta qu'elle ne lui sur-
vivrait que de six mois : elle obéit à son directeur, sûre de la vérité de sa prédiction, elle
se disposa à la mort, et régla si bien toutes
ses affaires, qu'elle ne craignit point d'être surprise : quand elle s'aperçut que le terme ap-
prochait, elle manda à M. d'Hernoton, son
fils, baron du Pont-Labbé, qu'elle eût été
bien aise de lui parler avant la mort ; et,
comme quelques affaires importantes le rete-
naient à Paris, elle le pressa par de nouvelles
lettres, et le fit presser par M. de Kermorvan, l'un de ses amis, qui était aussi à Paris,
de venir au plus tôt à Quimper, s'il voulait la
voir en vie ; il y vint à la hâte, et l'ayant trouvée en bonne santé, il fut presque fâché d'a-
voir interrompu ses affaires pour entreprendre un voyage qu'il croyait inutile : mais une
apoplexie qui survint à sa mère, lui fit comprendre que la prédiction du P. Maunoir allait s'accomplir. Cette vertueuse dame, dont

la mort n'était pas imprévue, était hors d'état
de recevoir les derniers sacrements : le P. Rolland, de la Compagnie de Jésus, directeur de
la retraite de Quimper, venait de lui parler,
on le rappela avant qu'il fût sorti de la maison, et il la trouva sans sentiment : dans
l'embarras où l'on se trouva, on eut recours
au P. Maunoir, et on le conjura, à genoux, de
ne pas abandonner dans cette extrémité celle
qui avait toujours mis sa confiance en lui après
Dieu : à peine eut-on fait le vœu, qu'elle revint de son accident, elle eut le loisir de recevoir tous ses sacrements avec de grands
sentiments de piété, après quoi elle retomba
dans son apoplexie, et mourut saintement
comme elle avait vécu. Le P. Rolland et Mme
de Kermorvan m'ont raconté toutes ces circonstances, dont il y a encore des témoins en
vie.

M. de Kerdu, recteur de Servel, auprès
de Lannion, donna, le 28 Octobre 1683, l'attestation suivante. M. de Kerisac, zélé missionnaire, étant malade à Pontrieux, commençait à se mieux porter, les médecins et
tous les autres disaient qu'il en relèverait :
mais le P. Maunoir dit au P. Martin qu'il en
mourrait, ce qui arriva.

Plusieurs autres prédictions que le P. Maunoir a faites, sont des effets de son don de prophétie. M. Boudon, grand archidiacre d'E-vreux, a signé l'attestation suivante. Il rencontra le P. Maunoir à Paris, où quelque affaire l'avait appelé; là ils s'entretinrent quelque temps ensemble de la dévotion tendre que le P. Maunoir avait inspirée à plusieurs personnes en Bretagne pour la passion de Jésus-Christ. M. Boudon édifié du progrès que ces âmes vertueuses faisaient dans la piété, dit au P. Maunoir qu'il ferait un voyage en Bretagne, et qu'il espérait de l'y voir. Non, répliqua le P. Maunoir, vous ne m'y trouverez plus : ce sera le P. Martin qui aura soin des missions, quand vous y arriverez : en effet, le P. Maunoir mourut quelque temps après, et M. Boudon ne le trouva point.

Voici une autre prédiction plus circonstanciée, et que j'ai sue de M. Auffret, vicaire perpétuel de Coré, près de Quimper : il l'a écrite et signée. Ce bon prêtre se trouva malade à la mission de Landiviziau, dans l'évêché de Léon : après quelques accès de fièvre, il demanda au P. Maunoir permission de retourner au logis, puisqu'il était inutile à la mission : le Père, qui l'estimait beaucoup, lui dit : allez, Monsieur, mais venez nous aider à la mission de Poullaouen, que nous commencerons immé-

diatement après celle-ci : vous n'aurez plus
que cinq accès de fièvre et le cinquième sera
fort léger. Le tout s'accomplit comme le Père
l'avait prédit. Ce zélé missionnaire assure dans
son attestation qu'il ne ressentit que très peu
le cinquième accès.

Ce même esprit de prophétie qui lui faisait
prédire l'avenir, lui représentait les choses
éloignées comme présentes ; ce qui lui arriva
surtout le jour que se donna, dans la Manche,
la bataille de *Solebay* (*). Dès le matin, il dit
à Marguerite Poullavec, chez qui il logeait :
aujourd'hui il y aura un combat sanglant sur
mer, mais nous remporterons la victoire,
car saint Michel est pour nous : après les
vêpres, il monta en chaire dans la chapelle de
Douarnenez; au milieu de son sermon, il s'arrêta tout court, comme un homme inspiré et
qui voit des choses surprenantes auxquelles il
prend intérêt : après quelques moments de

(*) C'est le combat du 7 Juin 1672, livré par l'armée
navale combinée d'Angleterre et de France, commandée par le duc d'Yorck et le comte d'Estrée,
contre celle de Hollande, commandée par l'amiral Ruy-
ter, à vue de Solebay, sur la côte d'Angleterre de la
Manche. Cet amiral ne fut tué qu'en 1676, au combat
de Messine, en Sicile, qui lui fut livré par M. Du-
Quesne, qui commandait l'armée navale de France.

recueillement, il se jeta à genoux et il engagea
tous ses auditeurs à suivre son exemple ; priez,
leur dit-il, pour vos gens qui sont en grand
danger : on resta quelque temps en prières,
ensuite le prédicateur se leva plein de joie et
fit entendre à ses auditeurs que tout allait
bien, il continua son sermon en bénissant
Dieu et rassurant les plus timides. Sur le soir,
il dit à quelques personnes qui lui parlaient de
cet événement : notre armée navale est victo-
rieuse. Pour mieux concevoir de quelle consé-
quence il était de faire cette prière, il est à remarquer que, dans le fort du combat, on se
vit dans l'obligation de remorquer le *Saint-
Philippe*, où était M. le comte d'Estrées, général de l'armée. Pour exécuter ce dessein, on
se servit de la chaloupe du *Vaillant*, com-
mandé par M. le comte de Sourdis : cette chaloupe fut bientôt exposée à la mousqueterie
des ennemis, et les matelots qui y ramaient,
dont plusieurs étaient de Douarnenez, ont souvent dit depuis que jamais ils ne s'étaient
trouvé dans un danger si évident, et que cependant, par une providence toute divine,
la grêle des coups les avait épargnés ; que
d'autres avaient été tués, mais qu'aucun
homme de Douarnenez n'avait même été bles-
sé. Quand ils furent retournés dans leurs fa-

5*

milles on leur raconta ce qui s'était passé dans
la chapelle de Douarnenez : on leur demanda
à quelle heure ils s'étaient vus dans ce danger
manifeste, et l'on remarqua que le P. Maunoir avait mis tout le monde en prières pour
eux, lorsqu'ils étaient le plus exposés au feu
des ennemis. L'information juridique de toutes ces circonstances a été faite par M. Pail-
lard, docteur de Sorbonne et recteur de la
même paroisse, par l'ordre de Mgr de Coëtlogon, évêque de Quimper : dans ce procès
verbal juridique, plusieurs des matelots, qui
avaient été à la bataille, et plusieurs autres
personnes qui s'étaient trouvées au sermon,
ont déposé avec serment ce qu'ils avaient vu.
Le nombre des témoins est grand, et l'on n'a
rien omis pour avérer ce fait singulier.

ARTICLE II.

Des changements de temps qu'il a obtenus.

LE P. Maunoir a fait plusieurs autres prédictions ; mais il me reste tant de choses à
dire, que je me vois obligé de passer à d'autres merveilles. Si le ciel lui communiquait
ses grâces et ses lumières, il le rendait aussi
maître des saisons, pour avoir la pluie ou le

beau temps selon qu'il en avait besoin. Quel fut le pouvoir du prophète Elie, quand il arrêta la pluie pendant trois ans et six mois, et qu'ensuite il la fit tomber en abondance dans le besoin extrême que l'on en avait ! Le P. Maunoir a souvent arrêté la pluie et l'a souvent obtenue par ses prières; il l'a si souvent arrêtée que l'on eût dit qu'il avait la clef du ciel, pour le fermer ou l'ouvrir, quand il le jugea à propos.

A la mission de Plouhinec, qui est une paroisse maritime de Cornouaille, il faisait une pluie si forte et un vent si violent, un quart d'heure avant la procession générale, que tout le monde désespérait de la voir marcher : le P. Maunoir, avec sa confiance ordinaire, commença à ranger les enfants dans l'église, et ensuite à les faire marcher : dès que la croix qui les précédait sortit de l'église, le vent s'abattit tout à coup, la pluie cessa, le ciel devint serein, et il fit un très-beau temps le reste du jour.

Quelques années auparavant, sur la fin de la mission de Paimpol, en Goëlo, la pluie, qui empêchait la récolte des blés dans le mois d'Août, dura jusqu'à ce que les enfants commencèrent à s'habiller pour la procession générale que le P. Maunoir fit faire, soit pour

conclure la mission , soit pour demander un
temps favorable : il fut exaucé une heure
avant la procession , pour laquelle il avait
fait tout préparer , ne doutant point que Dieu
ne lui accordât ce qu'il demandait : le beau
temps qu'il obtint dura plus d'un mois , sécha les grains et donna le loisir de faire une
récolte abondante.

Longtemps après , donnant une mission à
Laz , paroisse de Cornouaille , il fit cesser la
pluie autant de temps qu'il fut nécessaire pour
faire la procession générale : dès qu'elle fut
finie , la pluie commença comme auparavant : le ciel voulant autoriser par cet intervalle de beau temps les missions et les processions du P. Maunoir.

Sur la fin de la mission de Quimperlé , qui
se fit dans le plus fort de l'hiver , tout le
monde croyait que le verglas empêcherait la
procession générale. Le P. Maunoir qui relevait de cette grande maladie , où il avait reçu
tant de faveurs singulières , prédit la veille
que rien n'y mettrait obstacle : en effet, il
tomba tant de neige quelques heures avant
qu'on dût marcher , que les chemins étaient
couverts et qu'on ne courait aucun risque de
tomber : mais dès que la procession eut
achevé son tour , une petite pluie fondit la

neige, et la gelée qui survint, rendit les chemins aussi glissants qu'ils étaient la veille.

Dieu qui veut éprouver la vertu de ses serviteurs, ne leur accorde quelquefois les grâces qu'ils demandent, qu'après leur avoir fait sentir le besoin qu'ils ont de son assistance. Dans la mission de Trévé, il mit à l'épreuve la foi du P. Maunoir et celle de ses auditeurs: le temps avait été beau pour la procession; au commencement du sermon, qui se faisait dehors, comme il arrive ordinairement dans ces rencontres à cause de la foule du peuple, il tomba une grosse pluie, que tous reçurent tranquillement sans quitter leur place : mais à l'*Ave Maria*, le Père et l'auditoire demandèrent avec instance un beau temps qui leur fut accordé subitement et qui dura tout le jour.

Ce qui arriva à la mission de Pleumergat mérite d'être rapporté comme un effet du pouvoir que le P. Maunoir avait de changer les saisons. M. de Kerlivio, grand-vicaire de Vannes, et d'une vertu reconnue, assistait à cette mission ; la veille de la procession générale, voyant que la pluie avait rendu les chemins impraticables, il dit au P. Maunoir qu'il ne fallait point penser à faire sortir la procession de l'église le lendemain. Vous ne

savez donc pas , lui répliqua le Père, que par
la grâce de Dieu nous avons toujours beau
temps le jour de nos processions. Le Seigneur
vérifia ce que son serviteur avait dit : il
fit la nuit une gelée qui sécha tellement les
chemins , que le matin l'on marchait à pied
sec dans les endroits , où la veille on enfon-
çait jusqu'à mi-jambe ; cette gelée ne dura
que jusqu'à la fin de la procession, dès qu'elle
fut rentrée dans l'église , la pluie recommença
comme le jour précédent. M. de Kerlivio a
laissé par écrit ce fait merveilleux , dont il y a
eu tant de témoins , et le témoignage seul
d'un homme de ce mérite peut servir d'information ; il ne pouvait assez admirer le pouvoir que le Père avait auprès de Dieu , et il
voulut en mourant , que toute la postérité en
eut connaissance.

Celui qui fermait le ciel pour arrêter la
pluie, savait l'ouvrir en temps et lieu , et ob-
tenait de Dieu la pluie , quand la nécessité des
peuples le requérait : pour n'ennuyer point
le lecteur , je n'en rapporterai qu'un exemple
authentique. Pendant la mission de Daoulas ,
qui fut très-fervente, le P. Maunoir composa un
cantique breton en l'honneur de saint Corentin , premier évêque de Quimper, afin d'obtenir de la pluie. Après deux années de stéri-

lité, il y avait apparence que la troisième aurait causé la famine dans toute la province,
si Dieu ne se fût laissé fléchir par les prières
du P. Maunoir. La sécheresse désolait toute
la contrée, et il fallait un prompt secours
pour soulager le peuple : le Père qui avait
coutume de faire le catéchisme, après avoir
imploré l'assistance du Saint-Esprit, fit chanter, par les enfants, son nouveau cantique : à
peine avaient-ils achevé le premier couplet
que le ciel se couvrit, contre toute apparence, et qu'il tomba incontinent une pluie douce
qui dura plusieurs jours et qui répandit la
fertilité dans toute la province ; car cette
pluie qui commença à Daoulas, continua ensuite de tomber ailleurs, et l'on sut bientôt,
dans les paroisses voisines, que l'on était redevable au P. Maunoir de cette faveur singulière.

ARTICLE III.

**De quelques miracles dont M. Callier,
grand-vicaire de Quimper, a fait
l'information.**

Je crois devoir commencer par les informations que fit M. Callier, unique grand-vi-

caire de Mgr François de Coëtlogon, évêque
de Quimper : c'était un homme sage, exact,
et dont le témoignage ne peut être suspect ;
il avait eu de grandes liaisons avec le P. Maunoir, pour qui il avait beaucoup de vénération, et dont il avait essayé de faire emporter
le corps à la cathédrale de Quimper, où Mgr
et MM. les chanoines le voulaient faire enterrer honorablement. M. Callier ayant toute
l'autorité nécessaire pour faire des informations juridiques, prenait avec lui d'autres
prêtres adjoints pour examiner les circonstances des miracles : il implorait le secours
du ciel, il exigeait le serment de ceux qu'il
interrogeait, il les avertissait de ne rien dire
que la pure vérité, et il leur faisait signer
leur déposition, ou nommer quelqu'autre
pour signer pour eux, s'ils ne savaient point
signer eux-même. De cette sorte ces informations sont signées et garanties par les personnes guéries, par plusieurs témoins et par MM.
les commissaires : peut-on rien voir de plus
authentique ?

Isabelle Le Bris, veuve, âgée de 55 ans,
de la trève de Roudoualec, paroisse de Gourin, a assuré par serment, en notre présence,
(c'est M. Callier qui parle) qu'elle a été pendant huit mois si sourde, qu'il fallait crier à

pleine tête pour se faire entendre à elle ; ne trouvant aucun remède à son mal, elle se voua au P. Maunoir le dimanche avant l'Ascension, et promit de dire un *Pater* et un *Ave* tous les jours, jusqu'au jour de l'Ascension, pour obtenir sa guérison par son moyen, et ensuite elle partit pour aller à son tombeau ; étant à Plevin elle ne pouvait entendre les cloches ; mais le jour de l'Ascension elle obtint la grâce qu'elle demandait. Quoiqu'elle fût dans son village à une demi-lieue de Gourin, elle entendit les cloches de cette petite ville, et depuis ce temps-là elle entend parfaitement bien. Marie Le Bris, sa voisine, et Guillaume Le Dour, qui avait été quelque temps son voisin, ont assuré le fait par serment, et ont protesté que jusqu'alors sa surdité avait été extrême : nous voyons qu'elle n'est pas sourde, puisqu'elle nous entend, quelque bas que nous parlions.

Julien Le Gal, âgé d'environ onze ans, fils de Charles Le Gal et de Catherine Cozou, demeurant au moulin Arragé, dans la paroisse de Poullaouen, en Cornouaille, fut malade durant trois semaines d'une fièvre très-violente : les accès commençaient tous les jours un peu avant midi avec tant de fureur qu'il ne pouvait demeurer au lit ; il fallait le coucher auprès du feu : dans le frisson, qui durait une demi-heure, le tremblement était si fort, que pour le soulager, il fallait tenir quelqu'un auprès de lui pour peser sur ses jambes : pendant ce temps-là il avait le délire, ensuite il tombait dans un grand assoupissement jusqu'à la nuit. Sa mère, touchée de compassion, lui promit un jour qu'elle mettrait à part une offrande, pour être portée au tombeau du P. Maunoir : mais, comme elle y manqua, la fièvre reprit l'enfant aussi violemment qu'à l'ordinaire : dès qu'il sentit le commencement de son accès, il en fit sa plainte à sa mère : « Vous m'aviez promis, dit-il, d'en- » voyer une offrande au P. Maunoir, vous » ne l'avez pas fait, et voilà mon accès qui » me reprend. » Son père, qui fut averti de ce que le malade venait dire, répliqua promptement : « il faut mettre à part trois sols six » deniers, comme l'enfant le désire, afin de » les envoyer au plus tôt à Plevin. » Dès qu'il eut ainsi parlé, la fièvre s'arrêta un peu, et s'il eût été prompt à s'acquitter de sa promesse, il eût épargné à son fils un quart d'heure de mal ; mais il descendit pour prendre soin de son moulin, et cela fut cause que la fièvre recommença aussi violemment que les autres jours, sur quoi l'enfant s'écria : « Vous m'a-

» viez promis de mettre une offrande à part
» pour moi, et vous avez encore manqué de
» le faire. » Tous ceux qui étaient dans la
chambre, entendirent sa plainte et furent témoins de son tremblement : le père averti re-
monte et effectue sa parole : au même instant
le tremblement et la fièvre cessèrent, et l'enfant, qu'on était obligé les autres fois de
porter au lit, y alla lui-même, en disant :
« Je m'en vais au lit pour dormir un peu. »
Il dormit fort paisiblement environ deux heures, ensuite il se leva en parfaite santé, et il
alla se promener ; depuis il n'a eu aucune at-
taque de fièvre. Ce fait se passa au mois de
Mai 1683, et la déposition juridique en fut
faite au mois de Juillet 1684. Quand même
l'on voudrait, après trente ans, faire une
nouvelle information de ce miracle, pour-
rait-on rien dire de plus sûr ?

Une femme âgée de 40 ans, nommée Anne
Tudiou, de la paroisse de Tréogan, près de
Plevin, avait été quatre mois si incommodée
d'une grande douleur de nerfs à la jambe,
qu'elle ne pouvait marcher qu'avec peine et à
l'appui d'un bâton ; dès qu'elle se fut vouée
au P. Maunoir, elle commença à marcher
plus librement, et elle se mit en chemin pour aller à Plevin : elle ne fut pas

plus tôt arrivée au tombeau du serviteur de
Dieu, qu'elle fut entièrement guérie : quelques témoins assuraient l'avoir vue incommodée, et tous la voyaient bien marcher : la
preuve de ce miracle fut facile à faire et fut
bien faite.

Une autre femme, âgée de 60 ans, fut pré-
sentée à M. Callier ; elle s'appelait Marguerite
Jaffreou, de la paroisse de Motref : M. Quillerou, son recteur, qui assista à l'information
qui fut faite de sa guérison, attesta que, depuis deux ans, il l'avait connue si sourde, qu'à
peine pouvait-on lui faire rien entendre. M.
son curé et d'autres témoins assuraient la
même vérité. Cette femme, restée sourde
depuis une grande maladie, ne pensait plus
qu'à supporter son incommodité avec patience le reste de ses jours, lorsque quelqu'un
lui dit qu'elle devait s'adresser au P. Maunoir, comme tant d'autres à qui il avait rendu la santé. « Si je savais, dit-elle, qu'il dût
me rendre l'ouïe, du moins pour entendre la
parole de Dieu, je ferais de bon cœur un
voyage à son tombeau » ; elle n'eut pas plutôt dit ces paroles, qu'elle se trouva guérie
avant même de commencer le voyage,
qu'elle avait résolu de faire. Quand elle fit
sa déposition à Plevin, elle entendait claire-

ment tout ce qu'on lui disait. Ce fait ne peut
être qu'un miracle évident. En voici un autre
qui ne l'est pas moins.

A peine la précédente information était finie, que l'on présenta à M. Callier une femme
qui était venue en compagnie de son mari à
Plevin, pour remercier Dieu de la guérison
qu'elle avait obtenue par l'intercession du P.
Maunoir ; elle s'appelait Perrine Le Bail, de
la paroisse de Berné, dans le diocèse de Vannes : il y avait dix ans qu'elle souffrait un
grand mal aux yeux, sans trouver aucun bon
intervalle : à peine pouvait-elle discerner un
peu les objets pour faire quelque chose dans
son ménage. Le bruit des miracles du P.
Maunoir parvint jusqu'à elle : dans l'espérance de participer aux effets de sa protection,
elle se voua à lui, et dès lors elle se trouva
soulagée, et avant quinze jours parfaitement
guérie : quand elle parut à Plevin, fort peu
de temps après, on ne pouvait point remarquer qu'elle eût été malade, et elle voyait
jusqu'à un ciron, c'est l'expression de son
mari. Toute cette information est garantie par
de bons témoins. En voici un autre qui l'est
également.

Mme Jeanne Gourés, épouse de M. La Ga-
renne, de Guiscrif, en Cornouaille, était tom-

bée dans une si grande infirmité d'esprit
après ses couches, que, pendant neuf ans entiers, son mari fut obligé de tenir continuellement auprès d'elle du monde pour l'empêcher de se précipiter. Comme elle s'agitait
avec fureur, ses forces s'épuisèrent au point
qu'elle ne pouvait plus se remuer ; elle restait
au lit, et l'on était obligé de la tourner et détourner; de sorte que l'esprit et le corps étaient
également malades. Tout le monde lui portait
compassion; mais Mme du Cluziou, sa cou-
sine germaine, fut mieux inspirée que les
autres : elle voua au P. Maunoir la malade,
qui se trouva aussitôt soulagée, et qui dans
dix ou douze jours eut l'esprit parfaitement
libre ; elle, son mari et plusieurs personnes
vinrent de compagnie à Plevin, où ils confirmèrent par serment leurs dépositions.

Pendant que M. Callier resta à Plevin, il
fit l'information d'un miracle, qui y fut fait
en présence de plusieurs témoins. Alain Le
Saux, âgé de trois ans, fils de Tristan Le Saux
et de Françoise Corpian, du bourg de Prisiac,
en Vannes, n'avait jamais pu marcher, et,
comme il avait les jambes croisées et les pieds
contrefaits, il n'eût jamais pu s'en servir : sa
mère le voua au P. Maunoir, et deux jour
après l'enfant commença à marcher à l'appu

des meubles de la maison : on l'apporta à Plevin : lorsque sa mère fut arrivée auprès de la
chapelle de la sainte Famille', qui est à cent
pas de l'église de Plevin, elle descendit de
cheval, et, ayant mis son fils à terre, elle fut
surprise de le voir marcher librement jusqu'à
l'église. M. le grand-vicaire l'ayant fait encore marcher, lorsqu'il fit cette information,
remarqua qu'il n'avait plus aucune difformité
aux jambes, et qu'il marchait aisément. La
mère, la marraine et quelques autres personnes, protestèrent qu'avant le vœu il ne pouvait se tenir sur les pieds, ni les alonger.

La déposition suivante, bien garantie et signée par les témoins et par M. Callier, me
paraît encore plus surprenante. Jeanne Mé-
dour, âgée de 40 ans, de la paroisse de Lan-
voelan, en Vannes, souffrait beaucoup à un
pied qu'elle ne pouvait appuyer à terre, parce
qu'une épine y était entrée jusqu'à l'os : quelque effort que l'on fît pour l'en tirer, on n'en
pouvait venir à bout, parce qu'elle était trop
enfoncée et qu'à peine la voyait-on : elle resta ainsi deux fois vingt-quatre heures : la violence du mal obligea cette femme de se vouer
au P. Maunoir : dès que le vœu fut fait, la
douleur cessa entièrement et la femme marcha librement. Elle fit chercher l'épine dans

son pied qui n'apostuma point, et on ne la put jamais trouver.

Jacques Castel, âgé de 25 ans, de la paroisse de Tréogan, auprès de Plevin, avait été incommodé pendant trois ans au côté gauche ; plusieurs ulcères s'étaient formés au bras et sous le sein, il était obligé de garder le lit la moitié du temps ; ces ulcères rendaient beaucoup, et les remèdes qu'il avait employés ne le soulageaient point. Sur le bruit des miracles du P. Maunoir, il se voua à lui, et il fit prier Dieu à son tombeau : peu de jours après, il était si parfaitement guéri, que quand l'information s'en fit, par M. Callier, trois semaines après son vœu, il ne restait ni plaie, ni ulcères. On remarquait seulement quelques cicatrices bien fermées et d'une prodigieuse grandeur en trois endroits : pour avérer ce miracle, on interrogea beaucoup de témoins.

Louise Obet, de l'île de Bréhat, ressentit par deux fois la protection du P. Maunoir : la première fois, elle avait eu le bras démis par une chute ; quoiqu'elle eut été entre les mains d'un chirurgien, il n'avait point pu cependant la guérir ; elle souffrait de grandes douleurs et deux mois entiers s'écoulèrent sans qu'elle pût se servir de son bras. Le P. Maunoir vivait

vait encore, et il était malade à Morlaix, où Louise Obet demeurait alors: dès qu'il fut saigné, Melle Keranmoal, directrice de la retraite, trempa un linge dans son sang, prévoyant bien que cela serait salutaire à quelqu'un : en effet, elle fit appliquer ce linge au bras de Louise Obet, et aussitôt la douleur cessa, et le bras eut son mouvement libre. Trois ou quatre mois après cette guérison, elle eut encore le malheur de se démettre une jambe par une autre chute, et elle passa quinze mois entiers sans trouver de soulagement, quoiqu'elle eût eu encore recours au chirurgien : elle ne pouvait remuer son pied, et il y avait apparence qu'elle serait restée boiteuse toute sa vie, si le P. Maunoir ne l'eût encore guérie ; elle se rendit à cheval à Plevin, où le Père était déjà enterré : ce ne fut qu'avec peine qu'elle put se traîner jusqu'au tombeau ; elle y fit sa prière avec ferveur et elle sentit une chaleur vivifiante et une grande force au pied qu'elle avait auparavant sans mouvement ; elle se leva et s'appuya dessus, ce qu'elle n'avait pu faire depuis quinze mois, et le lendemain, après avoir été confessée et communiée, elle s'en retourna à Bréhat parfaitement guérie. Trois mois après, elle revint à pied de Bréhat à Plevin, accompagnée d'un notaire de l'île : ils firent et signèrent cette déposition en présence de M. Callier et d'un autre prêtre qu'il avait pour adjoint.

Mme de Coathual, Françoise-Claude Louvel, de Plouguernevel, avait une fille âgée de 18 mois, nommée Servane Picot, qui n'avait jamais dit d'autre mot que *maman*, et qui n'avait pu faire un pas, parce que ses pieds et ses jambes étaient sans consistance et comme disloqués : elle fut vouée au P. Maunoir et portée à Plevin; dès qu'elle fut auprès du tombeau du serviteur de Dieu, elle parla distinctement et marcha d'un pas ferme, et, après avoir fait le tour du tombeau, elle sortit seule de l'église, au grand étonnement de sa mère, de sa tante Louise-Peronnelle Louvel, et du valet Jean Robichon qui l'avait apportée là. Quatre mois après ce miracle, cette petite fille tomba dans un grand feu; sa tante, qui était auprès de la porte en dehors, entendit le bruit, elle entra dans la maison et vit la petite fille environnée d'une grande flamme, elle la voua encore au P. Maunoir, et quand elle retira l'enfant du feu, elle la trouva fort saine, à la réserve d'une petite plaie au front. L'information est du 25 Avril 1695. Cherchez des causes naturelles de ce dernier événement : vous n'en trouverez point, non plus que des précédents, et vous ne pourrez point nier que ces procès verbaux ne soient juridiques et dans toutes les formes.

ARTICLE IV.
Des morts ressuscités.

QUAND il s'agit de prouver que quelqu'un a ressuscité des morts, on ne saurait prendre trop de précautions : la difficulté qui s'y trouve est de prouver que ceux que l'on voit en vie et en santé avaient été véritablement morts. Ce que je puis dire, c'est qu'il était plus aisé à ceux qui les avaient vus morts d'en connaître la vérité, qu'à ceux qui voudraient aujourd'hui révoquer cela en doute : quand après la mort ils avaient été ensevelis, ou sur le point de l'être, il faut qu'on les ait cru morts : si, après cela, on les voit en parfaite santé, et subitement après un vœu fait en leur faveur, cette santé subite ne peut être que miraculeuse. Quand même quelqu'un de ceux que je vais citer n'eût pas été mort, sa guérison subite serait toujours un miracle évident : venir des portes de la mort après un vœu fait, et se porter bien tout subitement, n'est pas un effet de la nature : après ces maux extrèmes, on languit du moins quelque temps ;

et je conçois aisément qu'il n'est pas plus difficile à Dieu de ressusciter un mort que de guérir subitement un malade. Quand le P. Maunoir n'aurait ressuscité qu'un ou deux morts, il faudrait convenir que son pouvoir serait grand auprès de Dieu ; j'ai déjà prouvé qu'il en a ressuscité deux, Jeanne Le Bucquen et Pierre Person : en voici plusieurs autres dont les informations ont été faites avec exactitude par des commissaires députés par Mgr l'évêque de Quimper.

L'an 1685, Denys Collin, âgé de six ans et six mois, de Quimperlé, jouant avec les autres enfants, sur le bord de la rivière, le premier jeudi de carême, tomba dans l'eau qui était profonde ; sa mère, Marie Caurant, ne fut avertie qu'à deux heures après midi, que son fils était noyé : elle ne put savoir à quelle heure il était tombé dans l'eau, parce qu'il était sorti de la maison dès le matin ; elle courut à l'endroit où on lui dit que son fils était tombé, et, par son empressement en retirant le corps de son fils, elle s'exposa elle-même au danger. Après qu'elle l'eut mis sur le rivage, voyant qu'il ne donnait aucun signe de vie, et que tous ceux qui étaient présents disaient qu'il était véritablement mort, elle se jeta à genoux en présence de tous ceux qui avaient accouru pour voir l'enfant mort ; elle le voua au P. Maunoir, et promit d'aller à son tombeau : à peine le vœu fut-il fait, que l'enfant ressuscita et parla, au grand étonnement de toute l'assemblée. Il dit à sa mère qu'il avait froid, et demanda qu'on le couvrît chaudement, et, sans aucune évacuation, il retourna en bonne santé avec sa mère et s'est bien porté depuis. Tous ceux qui furent témoins de ce prodige s'écrièrent que c'était un miracle évident. L'information juridique en fut faite sans délais.

Jean Collin, de Quimper, ouvrier, l'an 1686, monta dans un arbre que l'on avait commencé à couper par en bas, il allait attacher une corde au haut de l'arbre, qui tomba pendant qu'il y était et qui l'accabla ; ce pauvre homme resta mort pendant quatre heures : enfin, ceux avec qui il travaillait, auprès de la ville, furent inspirés de le vouer au P. Maunoir, et tout incontinent il commença à respirer, et ne tarda pas de se bien porter. L'information en fut faite tout aussitôt.

Marie Quénécan, servante chez M. Alouin, à Morlaix, reçut d'un valet de la maison un coup de fusil au visage, par mégarde ; elle en mourut quelques heures après, on laissa le corps sans l'enterrer environ 24 heures : quand tout fut prêt pour l'enterrement, le corps était enseveli et couvert d'un drap mortuaire, la croix et l'eau bénite auprès de la chasse; les cloches sonnaient : le maître et la maîtresse, désolés de cet accident, eurent inspiration de la vouer au P. Maunoir, et dans l'instant elle ressuscita, et elle s'est bien portée plusieurs années après sa résurrection. L'information juridique de ce miracle fut faite à Plevin, le 11 Juin 1685.

Melle Peronelle-Jacquette Caron, de Pontrieux, tomba dans un accident si fâcheux, qu'on ne douta point qu'elle n'en mourût; elle reçut l'extrême-onction et la dernière bénédiction, et ensuite elle trépassa : ses membres devinrent roides et froids; sa mère, Melle Vervin, la voua au P. Maunoir, et dans l'instant elle ressuscita. L'information en fut faite l'an 1685.

Catherine Paugam de S.-Matthieu à Morlaix, étant tombée de fort haut, mourut au bout de quelques jours, on dit le *De profundis* pour elle; on la voua ensuite au P. Maunoir et d'abord elle parut en vie, et peu après en parfaite santé; et alla à Plevin faire sa déclaration le 15 juin 1687.

Je trouve qu'un grand nombre de femmes grosses, en danger de mort, ont accouché dès que l'on a invoqué le P. Maunoir, et qu' des enfants morts-nés ont vécu aussitôt qu'il lui ont été voués. Je n'en rapporterai que très-peu d'exemples. Le premier dont je vais parler, avait tellement surpris le R. P. René Le Gaffric, sous-prieur de l'abbaye de Beauport, homme d'esprit, et frère de la dame soulagée, qu'il m'a souvent dit que c'était un miracle manifeste. Voici le fait. Mme de la Salle, Françoise Le Gaffric, fut si mal dans ses couches, à Lannion, que les médecins en désespéraient : on la voua au P. Maunoir, on mit sur elle un manteau qui avait servi au P. missionnaire, et dans l'instant elle accoucha d'un fils qu'on crut mort : on voua aussi l'enfant, et incontinent il parut en vie, il fut baptisé et il se porta bien. La déclaration en fut faite à Plevin le 17 Juin 1684.

Marie Fiche, de Guiscrif, ayant accouché d'un enfant mort-né, eut la consolation de le voir revivre, et recevoir le baptême en bonne santé, dès qu'on l'eut vouée au P. Maunoir ; sa belle-mère, Madeleine Jambeau, en fit sa déclaration à Plevin, le 14 Juin 1684 ; et Yves Rousic, son mari, confirma la même chose le 25 Juillet de la même année ; ils dirent même que l'enfant avait été plusieurs heures mort.

ARTICLE V.

Des aveugles qui ont recouvré la vue.

Lorsque Jésus-Christ fut interrogé de la part de saint Jean-Baptiste, s'il était le Messie attendu depuis plusieurs siècles, le Sauveur du monde répondit que, pour connaître sa mission, il n'y avait qu'à observer ce qui se passait : les aveugles voient, dit-il, les boiteux marchent droit, les lépreux sont guéris, les sourds entendent, les morts ressuscitent, l'Evangile est prêché aux pauvres. *Matt.* 11. C'est par des prodiges semblables que Dieu a voulu autoriser la mission du P. Maunoir et faire connaître sa vertu. Je commence par ceux qui ont recouvré la vue par son intercession.

Michel Juhel, de Pleiber-Christ, en Léon, avait été pendant sept ou huit mois fort incommodé d'un grand mal aux yeux, après quoi il perdit entièrement la vue et resta pendant un mois tout à fait aveugle, sans espérance de guérison. Son père, Yves Juhel, l'amena à Plevin le jour sainte Anne 1683; il y fit ses prières, et, à la sortie de l'église, le jeune homme vit clair, et depuis il eut la vue fort bonne. Comme la grâce était spéciale, ils re-

vinrent tous deux au commencement de Novembre à Plevin, où ils firent leur déclaration juridique, et M. le commissaire de Mgr
de Quimper marque que, quand ledit Juhel
lui fut présenté, il voyait parfaitement.

Françoise Mevel, âgée de cinq ans et demi, de Plouvorn, en Léon, avait perdu la
vue par un accident : quelque temps après,
ses parents, fort affligés de ce malheur, la
vouèrent au P. Maunoir, ce qu'ils firent sur
le soir, le lendemain matin elle voyait clair
et était guérie ; ils en firent leur déposition
juridique, le 2 Avril 1685.

Catherine-Jeanne Le Bloas, de Landerneau,
âgée de 12 ans, avait une grande taie sur
l'œil gauche qui l'empêchait de voir. Après
avoir langui longtemps sans trouver de remède, on lui conseilla de se vouer au P. Maunoir, ce qu'elle fit, et incontinent elle fut parfaitement guérie : son père et elle ont fait et
signé leur déclaration à Plevin, le 19 Juillet
1685.

Marguerite Castel, de la paroisse de Saint-
Martin, à Morlaix, avait été deux ans aveugle ; le 13 Avril 1685, elle se rendit au tombeau du P. Maunoir, elle y fit ses prières, et
le lendemain elle voyait très-bien : ce miracle
ne paraît-il pas évident ? Et que peut-on op-
poser à tant de guérisons subites ?

Claudine Bauverge, âgée de 24 ans, de Langoat, près de Tréguier, avait été un mois entier aveugle ; elle se voua au P. Maunoir environ une heure après midi, et avant la nuit elle voyait aussi bien que jamais. Le 24 Avril 1683, elle en fit à Plevin sa déposition juridique.

Marguerite Le Saux, de Pestivien, avait eu une taie sur l'œil pendant six ans : l'an 1685, elle se voua au P. Maunoir, et incontinent elle fut guérie, et elle alla en faire sa déclaration à Plevin.

Le 17 Juin 1685, Melle Jeanne Gaschet, de Quimperlé, qui avait perdu la vue, la recouvra dès qu'elle eut fait vœu d'aller au tombeau du P. Maunoir, où elle alla sans tarder faire sa déclaration d'une si prompte guérison.

Melle Jeanne-Vincente Vistet se trouva si malade, l'an 1687, qu'elle fut longtemps aveugle et désespérée de tous ceux qui la voyaient : un jour Melle Trolen, sa tante, fut inspirée de la vouer au P. Maunoir, et, dans le moment que le vœu fut fait, la malade recouvra la vue et la santé ; sa mère, entrant dans la chambre, fut surprise de l'entendre parler comme une personne saine et lui dire qu'elle la voyait : qu'ai-je donc dans la main, lui demanda-t-elle? vous tenez un couteau, lui répliqua la fille, pleine de joie d'avoir recouvré si subitement sa santé. L'information juridique n'en fut faite à Plevin que le onzième de Mars 1695.

Yves Hernef, de Trégrom, en Tréguier, était aveugle, et, n'espérant recouvrer la vue que par l'intercession du P. Maunoir, il se fit conduire à son tombeau ; après y avoir fait ses prières, il vit clair, et il y retourna, neuf ans après sa guérison, faire sa déclaration juriridique, l'an 1696.

Mme de La Boulaye, Françoise-Thérèse Le Trancher, demeurant dans la maison du Bodenno, à Glomel, en Cornouaille, l'une de ses terres, etait en danger de perdre la vue d'un œil qui était fort rouge, et il semblait qu'une taie commençait à s'y former : on lui présenta un linge qui avait été trempé dans le sang du P. Maunoir, elle l'appliqua à son œil et dans le moment il devint fort clair : M. de La Boulaye, Jacques de Robien, qui craignait qu'elle ne perdît l'œil, étant entré dans la chambre une heure après que le miracle fut arrivé, fut surpris de la voir en parfaite santé, et d'apprendre comment cela s'était fait : M. et Mme de La Boulaye, et Mme De Kermodest-Aliette, Henri, témoin, du miracle, ont donné leur déclaration par-devant des notaires.

Marguerite Le Berre, de Crozon, femme

de Henri Quemener, avait tant de mal à l'œil, que le chirurgien à qui elle s'adressa, répondit qu'elle ne pouvait éviter de le perdre : dans une circonstance si fâcheuse, elle eut recours au P. Maunoir ; on lui donna un morceau que l'on avait de ses habits, elle se l'appliqua à l'œil, et aussitôt elle fut guérie, l'an 1684.

Jean Thepaut, de Saint-Oüardon, à Landernau, avait été quatre mois aveugle ; le onzième de Juin 1687, il se voua au P. Maunoir, et dans le même moment il recouvra la vue.

Marie Le Joncour, âgée de 13 mois, avait perdu la vue par des taies formées sur les yeux ; sa mère, Marie Le Moullec, de Plounevez-Quintin, la voua au P. Maunoir ; avant vingt-quatre heures, elle était parfaitement guérie, le 10 Septembre 1684.

Alain Guyomar, âgé de six ans, de Carhaix, avait entièrement perdu la vue depuis trois ans ; il fut voué au P. Maunoir et porté à son tombeau ; il y recouvra la vue en présence de M. le commissaire qui en fit l'information, le 8 Mai 1684. Guillaume Guyomar, père de l'enfant, y fit sa déposition.

Le miracle suivant a étonné toute la paroisse de Plomodiern, en Cornouaille, où demeurait Marguerite Penc'hoat ; on l'avait vue,

pendant sept ou huit ans aveugle, et on ne
doutait point que sa cécité ne dût durer toute
sa vie. Cependant, l'an 1684, elle fut inspirée de se vouer au P. Maunoir, et sur-le-champ
elle recouvra la vue ; à sa déposition, outre
son témoignage, l'on eut celui de M. Cam,
prêtre de cette paroisse, et, s'il était nécessaire,
on aurait autant de témoins qu'il y a de paroissiens.

Marguerite Hamon, âgée de 27 ans, avait
l'œil gauche si incommodé et si enflé, qu'on
ne doutait pas qu'elle n'en perdît l'usage ; elle
avait pris plusieurs remèdes et le mal empirait
toujours : le bruit des miracles du P. Maunoir
fit qu'elle s'adressa à lui ; elle alla à Plevin
avec Yvonne Rivoal, et, pendant qu'elle y entendait la messe, elle ouvrit l'œil malade et
l'enflure diminua et se dissipa entièrement
avant qu'elle arrivât au logis : elle était pleine
de reconnaissance pour son bienfaiteur, quand
deux jeunes messieurs, chez qui elle était mé-
tayère, auprès de Carhaix, commencèrent à
se railler d'elle et à lui dire que peut-être sa
guérison venait d'un effort de la nature ; elle
n'eut pas assez de force d'esprit pour résister
à leurs railleries ; elle douta du miracle, et
aussitôt le même mal recommença comme auparavant : cela l'obligea de retourner à la hâte

à Plevin, où elle avait trouvé sa guérison la première fois. Après y avoir fait sa prière, son œil s'ouvrit encore et fut guéri parfaitement : ce qu'elle ne douta plus qu'elle ne dût attribuer à l'intercession du P. Maunoir, et ce qui obligea ces jeunes messieurs à changer de langage. L'information en fut faite le 18 Juin 1684.

Toussaint Guégo, de Laniscat, ayant été aveugle pendant cinq mois, dès qu'il fut voué au P. Maunoir, vit clair. Il en fit sa déclaration, à Plevin, avec son père et sa mère, le 26 Juillet 1685.

Samuel Coadelo, enfant, avait été dix-huit mois aveugle, et l'était encore quand on le porta à Plevin ; dès qu'il fut auprès du tombeau, il surprit agréablement sa mère en lui disant qu'il voyait le tombeau, et depuis il vit très-bien. On en fit l'information l'an 1686.

Claude Palude, de Crozon, âgé de 12 ans, avait perdu entièrement la vue ; il fut voué au P. Maunoir, et dans l'instant il la recouvra : ensuite il alla à Plevin, où il en fit sa déclaration, le 27 Juillet 1687.

Renée Robert, d'Yffiniac, en Saint-Brieuc, ayant perdu entièrement la vue, la recouvra par l'intercession du P. Maunoir, à qui elle se voua ; mais comme elle différa à exécuter

son vœu, elle devint encore aveugle et resta
dans cet accident tout le Carême ; elle fut
même obligée de garder le lit. Après avoir langui si longtemps, elle fit réflexion que ce mal
était une punition de sa négligence ; elle renouvela son vœu à Pâques, et incontinent elle
vit encore aussi clair que jamais. C'est ce
qu'elle vint déclarer à Plevin, au mois de Septembre 1695.

Melle Jeanne Belard, âgée de dix ans, de la
Terre-au-Duc, à Quimper, avait un œil si
malade, depuis l'âge de dix-huit mois, qu'elle
ne pouvait souffrir la lumière : c'était une
suite de la petite vérole, et plus de huit ans
d'infirmité ôtaient toute espérance de guérison : son père et sa mère la vouèrent au P.
Maunoir, et la fille se joignit à eux pour obtenir sa guérison : aussitôt elle ouvrit facilement
l'œil et vit sans peine le jour, elle qui ne pouvait pas auparavant souffrir la lueur même de
la chandelle. Un si subit changement engagea
le père, Me Joseph Belard, notaire royal, et la
mère, Susanne Neuvcu, à faire le voyage de
Plevin et à y signer leur déclaration, le 24
Août 1683.

La foi de Jacob Le Gloan de Roudoüalec fut
plus éprouvée, il fut un an entier borgne : pour
obtenir sa guérison, il fit trois fois le voyage de

Plevin ; la troisième fois étant auprès du tombeau du P. Maunoir, il ouvrit l'œil dont il avait perdu l'usage, et il vit aussi clair de celui-là que de l'autre : sa déclaration y fut reçue le 19 Septembre 1685.

Melle Françoise Gourdel, âgée de 3 ans, fille de M. Goasilio, de Laniscat, avait un œil si malade qu'elle n'en pouvait rien voir et ne pouvait souffrir la lumière ; on la voua au P. Maunoir, on la mena à son tombeau : en passant à Rostrenen, on consulta M. Beaulieu, fameux chirurgien, qui déclara nettement qu'elle ne verrait jamais de cet œil. Dès qu'elle fut arrivée à Plevin, elle se lava l'œil de l'eau bénite qui était sur le tombeau du Père, et le pria tout haut avec une confiance d'enfant : « Père Maunoir, dit-elle, guérissez-moi : » elle fut guérie en effet sur les lieux ; au retour elle avait la vue fort belle et l'a eue toute sa vie. Quinze ans après sa guérison, je la vis en parfaite santé. Melle Goasilio, sa sœur aînée, me donna encore cette déclaration sous son seing, le 15 Août 1707.

« Je pourrais rapporter ici plusieurs autres guérisons semblables aux précédentes, dont les informations ont été faites juridiquement.

ARTICLE VI.

Des sourds qui ont recouvré l'ouïe.

L'estime que l'on avait dans toute la Bretagne du P. Maunoir, fit aisément ajouter foi aux miracles qu'il faisait après sa mort : on avait recours à lui pour toutes sortes de maux et la confiance des malades était suivie de leur guérison. Dans les informations juridiques que messieurs les commissaires faisaient de ces miracles évidents prouvés par la déclaration de plusieurs témoins, ils prenaient toutes les précautions possibles pour découvrir la pure vérité. J'omets plusieurs circonstances et même plusieurs miracles, pour ne pas trop grossir ce recueil.

Jeanne Hemery, de Berrien, en Cornouaille, âgée de 66 ans, avait été pendant deux ans entiers tout à fait sourde : à son âge, il n'y avait pas d'apparence qu'elle dût recouvrer l'ouïe : le bruit des miracles du P. Maunoir lui fit tout espérer ; elle fit vœu d'aller à son tombeau : le lendemain de son vœu, il lui sembla qu'on lui ouvrait les oreilles, et, dès lors, elle entendit clairement tout ce qu'on lui disait. Elle fit à Plevin cette déclaration, qui est signée par quatre prêtres, le 12 Mai 1683.

Mauricette Stéphan, de Crozon, était tout

à fait sourde, et, n'espérant rien des remèdes humains, elle eut recours à Dieu par son fidèle serviteur, le P. Maunoir, dont elle visita le tombeau : elle n'y fut pas guérie; mais à peine avait-elle fait une lieue pour retourner au logis, qu'elle recouvra l'ouïe parfaitement; elle continua son voyage fort gaie, et retourna quelque temps après à Plevin en faire sa déclaration.

M. De Kerigou, Alain Jacob, de Crozon, avait été pendant deux ans entiers fort sourd, il ne chercha de remèdes à son incommodité que dans la confiance qu'il eut au P. Maunoir; il se mit dans l'oreille un petit morceau du bonnet carré du P. Maunoir, et dans l'instant il fut guéri et entendit aussi clair que personne Sa déposition juridique fut faite le 11 Juin 1684. Peronelle Bouréhis, sa femme, qui l'a aussi signée, ajoute dans la même déclaration, qu'elle avait été guérie subitement par l'application d'une signature du P. Maunoir, d'une fièvre et d'une extrême faiblesse de tous ses membres.

Yves Goudelin avait été huit ans sourd, et il y avait apparence qu'il l'eût été toute sa vie, si son père, Nicolas Goudelin, de Gourin, ne l'eût voué au P. Maunoir et mené à Plevin, où il commença à bien entendre; et depuis ce temps-là , il eu ... ïe aus... nne que tout autre. Ce que les commissaires de Mgr de Quimper purent constater quand il y fut amené une seconde fois , c'est-à-dire , deux mois après sa guérison , en 1683.

Yves Deniel , de Hanvec , était tellement sourd qu'il ne pouvait rien entendre : dès qu'il fut voué au P. Maunoir , il entendit très-bien , le 6 Novembre 1683.

La Mère Marguerite Allain , carmelite de Guingamp , étant devenue sourde , se voua au P. Maunoir et recouvra aussitôt l'ouïe : son frère , le P. Guillaume Allain , religieux de l'abbaye de Langonet, en fit sa déclaration le 18 Novembre 1683.

Jean Pennec , de Sizun, fort sourd pendant six semaines , se voua su P. Maunoir , et dans l'instant il recouvra parfaitement l'ouïe, 1686.

Je me souviens qu'à la mission de Brest , l'an 1685 , on nous présenta, du côté de Recouvrance , un homme qui avait été plusieurs années fort sourd, ainsi que tous les voisins le témoignaient : il demanda à Dieu , par l'intercession du P. Maunoir, à entendre assez clair pour pouvoir profiter des sermons de la mission ; plein de foi, il alla à l'église , et il y fut exaucé. Il fut ensuite amené devant les missionnaires après dîner , pour faire sa déclara-

tion, et nous étions tous tfien as qu'il entendait très-bien. L'information qui en fut faite,
est perdue comme plusieurs autres, dont nous
tirerions de grandes lumières, si la suite des
années et le transport des papiers ne nous
avaient privés de ce secours ; mais, grâce à
Dieu, il nous en reste bien d'autres.

ARTICLE VII.

Des boiteux guéris.

Quand saint Pierre et saint Jean firent marcher ce pauvre boiteux qui demandait l'aumône
à la porte du temple de Jérusalem, tout le monde fut surpris de ce miracle. De semblables
guérisons sont souvent arrivées par l'intercession
sion du P. Maunoir ; j'en rapporterai quelques exemples bien avérés par les informations juridiques que l'on en a faites. Huon Le
Gal, âgé de 55 ans, de l'île de Bréhat, avait
été pendant un mois sans pouvoir marcher, il
avait sujet de craindre qu'il ne serait resté
toute sa vie dans cet état : dans cette appré-
hension, il s'adressa au P. Maunoir, et il
vint à cheval à Plevin, avec beaucoup de peine;
il y arriva la veille de Saint-Marc 1684, il y
fit ses prières avec ferveur, et après avoir entendu la messe, il se sentit exaucé ; il se leva,

et commença à marcher devant tout le monde.
Quelques mois après, il y revint à pied remercier son bienfaiteur , et déclara que depuis sa guérison subite , il s'était bien porté.

M. le baron De Kerliver , François de Carné, se trouva un jour saisi d'une douleur si
violente au pied, qu'il ne pouvait marcher , et
qu'il avait de la peine à s'empêcher de jeter
les hauts cris ; il sentit même que son mal
s'augmentait considérablement : il eut recours
au P. Maunoir , et dans le moment qu'il fit
vœu d'aller à son tombeau, il en fut entièrement délivré : en reconnaissance, il fit le voyage de Plevin, où il laissa sa déposition , le 18
Septembre 1684.

Marie Morvan , âgée de 40 ans , de Plou-
neour-Menez, avait été pendant cinq ans entiers si incommodée d'une couche , qu'à peine
pouvait-elle faire un pas dans ses bons intervalles ; elle ne pouvait remuer les bras , et
quelquefois elle perdait la parole ; les remèdes
ne la soulageaient point ; sa guérison était réservée au P. Maunoir ; elle entendit parler de
ses miracles , et se résolut d'aller à son tombeau ; il fallut deux hommes pour la mettre
à cheval ; elle n'y fut pas longtemps sans être
soulagée : à deux lieues du logis , ayant été
mise à terre , elle commença à marcher un

peu ; on la remit à cheval, elle arriva à Plevin, y fit ses prières, et, à son retour, elle
marcha une grande partie du chemin, et depuis ce voyage elle se porta fort bien. Quelques mois après, elle revint à Plevin en témoigner sa reconnaissance, et faire sa déposition
juridique, le 5 Octobre 1684.

Marie Quillien, de la paroisse de Saint-Mat-
thieu, à Morlaix, après avoir été cinq ans entiers paralytique à ne pouvoir marcher, ni
presque se remuer, et avoir cherché inutile-
ment des remèdes, se fit porter à Plevin, où
elle trouva sa guérison subite. L'année suivante, 1685, elle y revint remercier son bienfaiteur, et en fit sa déclaration juridique.

Bertrande Flammec, de Plouay, en Vannes,
avait passé quatre ans entiers sans pouvoir
marcher ; sur le bruit des miracles du P.
Maunoir, elle se fit transporter à Plevin ; il fallait, en chemin, l'attacher à cheval et deux
hommes l'aidaient à s'y tenir : au retour elle
se tenait seule, et, quand elle descendait, elle
marchait un peu ; étant arrivée au logis, elle se
trouva parfaitement guérie, et elle revint quelque temps après faire sa déposition à Plevin,
le 17 Juin 1785.

Marguerite Guillou, de Laz, fut exaucée
plus promptement : elle avait été trois ans

sans pouvoir marcher ; dès qu'elle se voua au P. Maunoir, elle marcha fort bien, et alla à Plevin en faire sa déclaration, en 1692.

Joseph l'Evêque, de Crozon, avait été quatre ans entiers sans pouvoir marcher ; on n'osait espérer qu'il pût jamais, sans miracle, faire un pas : sa mère, Claude Pendezec, le voua au P. Maunoir ; sans délai, l'enfant commença à marcher et se porta bien. La déclaration, qui en fut faite à Plevin, est du 10 Juin 1696.

Jean Fourdilis, de Ploumoguer, en Léon ; ne pouvait marcher depuis cinq ans qu'avec deux anilles; son père, Yves Fourdilis, vint au collége de Quimper faire sa retraite, l'an 1691 ; et, plein de confiance au P. Maunoir, il lui fit sa prière dans l'endroit où repose son cœur, et lui voua son fils : il fut exaucé ; car, deux ou trois jours après sa retraite, son fils marcha tout seul sans bâton. Ce miracle est signé et garanti par trois prêtres témoins de cette merveille.

Hervé Le Breton, de Crozon, âgé de 50 ans, avait été pendant deux mois entiers tout perclus et en danger de rester dans cet état jusqu'à la mort ; il se voua au P. Maunoir, et incontinent il fut parfaitement guéri, en 1685.

François Olier, de Plestin, en Tréguier,

âgé de 57 ans, eut une paralysie qui, dans le commencement, l'obligea de prendre un bâton pour marcher ; le mal s'augmentant, il fut deux mois sans pouvoir marcher qu'avec une anille, et, comme il n'y avait pas d'apparence qu'à son âge le mal diminuât, il eut recours au P. Maunoir : il alla à cheval à Plevin, fit sa prière au tombeau du Père, et entendit la messe qui se disait à l'église ; après la messe, il se sentit parfaitement guéri ; il marcha sans anille ni bâton, à la vue de tout le monde, et il marchait fort bien quand messieurs les commissaires de Mgr l'évêque de Quimper en firent l'information juridique, le 12 Juillet 1683.

François Riou, âgé de 30 ans, de Neuillac, en Cornouaille, après avoir été affligé d'une si grande douleur aux reins et aux cuisses, qu'il ne pouvait marcher, fut parfaitement guéri dès qu'il se recommanda aux prières du P. Maunoir, 1683.

Barbe le Guennou, âgée de 40 ans, de Landerneau, avait été fort longtemps si paralytique, qu'elle ne pouvait faire un pas sans anilles. Son mari, Alain Marc'hic, l'ayant menée à cheval à Plevin, elle y trouva sa guérison auprès du tombeau du P. Maunoir ; elle commença à marcher en présence de tout le monde

monde sans anilles ; pendant que l'on chantait une messe, elle avait senti une force et une
chaleur vivifiante qui lui redonna l'usage de
ses jambes : le miracle était évident, mais l'information n'en fut faite que le 25 d'Août 1684,
quand elle revint à Plevin, quelque temps
après, pour remercier son libérateur et assurer messieurs les commissaires de sa parfaite
guérison.

Françoise Miorcec, âgée de dix ans, resta,
après une maladie, si incommodée, qu'elle fut
six mois à ne pouvoir se tenir sur ses pieds :
comme son père, Julien Miorcec, de Guicour-
vest, en Léon, craignait qu'elle ne restât paralytique, il la voua au P. Maunoir, et tout
incontinent elle commença à marcher ; une
guérison si subite étonna tous ceux qui en furent témoins : son oncle, prêtre, son père et
sa mère l'accompagnèrent dans le voyage qu'on
lui fit faire à Plevin, où elle marchait fort
bien devant les commissaires qui prirent leur
attestation, le 28 Août 1683.

Henri le Goff, âgé de 62 ans, de Quimper,
fut, l'an 1683, tellement affligé d'une paralysie à tout le côté gauche, qu'il ne pouvait
plus du tout marcher ; il fallait le porter, et
ordinairement il gardait le lit. Il eut inspiration de se vouer au P. Maunoir, dont il savait

7

que le cœur reposait dans l'église des Pères Jésuites : dès qu'il eut fait son vœu, il se sentit guéri ; pour en remercier son bienfaiteur, il ne se contenta pas de venir au collége ; peu de jours après, il alla à pied à Plevin en compagnie de plusieurs autres qui firent leur déposition comme lui. Quand un vieillard de 62 ans fait dix lieues à pied, marchant de compagnie avec d'autres plus jeunes, il paraît bien qu'il est parfaitement guéri de la paralysie qui le tenait auparavant au lit.

Marie Le Grand, âgée de six ans, avait au pied un mal incurable et ne pouvait marcher qu'avec des anilles : Mme Françoise Guyer, sa grand'mère, la voua au P. Maunoir ; aussitôt elle se sentit guérie, jeta ses anilles et marcha fort bien, le 24 Juin 1684.

Guillaume Le Goasquen, âgé de 35 ans, de Saint-Melaine, à Morlaix, avait été paralytique pendant sept semaines, à ne pouvoir se remuer, il fallait le porter comme un enfant ; il eut inspiration de se vouer au P. Maunoir, et, aussitôt après son vœu, il eut une espèce de sommeil qui dura un quart d'heure ; quand il se réveilla, il marcha fort bien, et sans délai, il se rendit à pied à Plevin pour exécuter son vœu, et donna sa déclaration le 30 Août 1683.

Guillaume Paul avait souffert pendant cinq ans un si grand mal à la jambe, qu'il y avait apparence que jamais il n'aurait pu s'en servir: un jour il se voua au P. Maunoir, la nuit suivante, à son réveil, il se trouva parfaitement guéri, en 1684.

Jean Pezron, de Pleyben, avait été treize ans sans marcher ; un mal de si longue durée ne se pouvait guérir que par miracle ; il eut recours au P. Maunoir, l'asile des affligés: il se voua à lui, et en chemin il se trouva fort soulagé ; mais auprès du tombeau il fut parfaitement guéri. L'information en fut faite le 23 Juin 1686.

Mᵐᵉ de La Haute-Métairie, Susanne-Thérèse De Brossard, après une fâcheuse maladie, resta percluse des jambes : elle se voua au P. Maunoir, et, sur-le-champ, elle marcha sans douleur. Elle en fit sa déclaration à Plevin, le 24 Juillet 1686.

Philippe Caro, de Poulaouen, ne fut guéri qu'auprès du tombeau du serviteur de Dieu ; il avait été trois ans sans pouvoir marcher, il fut amené à cheval à Plevin, et dès qu'il y fut arrivé, il marcha subitement, l'an 1687.

Je ne sais si la trop grande quantité de miracles ne les rendra point incroyables : des gens de tout âge sont guéris subitement ;

quand il n'y en aurait que deux ou trois, on en serait étonné ; mais que penser de ce grand nombre, puisqu'ils sont si avérés? il faut croire que Dieu veut faire connaître les mérites de son fidèle serviteur.

Jeanne Le Joncour, de Pleyben, avait été dix-huit mois sans pouvoir marcher ; comme l'on ne pouvait espérer sa guérison que par miracle, elle se recommanda au P. Maunoir, et incontinent elle fut guérie : elle alla ensuite à Plevin, le 24 Août 1687, en remercier Dieu et faire sa déclaration.

Marie Le Therendu, de la Harmoye, en Cornouaille, ayant été quatre ans sans marcher fut vouée au P. Maunoir et guérie aussitôt. La déclaration est du 25 Août 1688.

Marie Le Gal, âgée de treize ans, de Saint-Jean-du-Doigt, avait été deux ans et demi sans marcher ; dès qu'elle fut vouée au P. Maunoir, elle commença à marcher. Julien Le Gal, son père, en fit sa déclaration à Plevin et la signa, le 25 Aout 1688.

François Le Berre, âgé de 14 ans, de Comanna, étant devenu si paralytique, qu'il ne pouvait ni marcher, ni même se remuer, Guillaume Le Berre, son père, qui avait de la terre du tombeau du P. Maunoir, en mit dans de l'eau, avec laquelle il lava son fils le soir ;

le lendemain matin l'enfant était en parfaite
santé. La déclaration en fut faite à Plévin, le
30 mai 1689.

Olivier Fallier, de Plounevé-du-Faou, avait
été six ans et demi sans pouvoir marcher, et
souffrait beaucoup ; dès qu'il se fut voué au
P. Maunoir, il fut soulagé, et sans délai, il
partit pour Plevin, et fut guéri en chemin.

Nicolas Le Divérez, de la Martyre, âgé de
cinq ans, n'avait jamais marché, ni pu se tenir debout, il marcha dès qu'il fut voué au P.
Maunoir.

Melle Arnos, de Quimper, souffrait depuis
plusieurs années une grande douleur à un genou ; elle alla à l'église des pères Jésuites, elle
se recommanda au P. Maunoir, mit le genou
malade sur la pierre qui recouvre le cœur du
serviteur de Dieu, et toucha de quelques fleurs
qu'elle y trouva l'endroit où elle souffrait, et
dans l'instant elle fut parfaitement guérie. Sa
déclaration est de 1699.

Marie Salmon, du Bodéo, avait été trois ans
sans pouvoir marcher ; elle se voua au P. Maunoir, et dans l'instant elle se porta bien : ce
qu'elle déclara à Plevin, le 25 Juillet 1689.

Marie Malegol, âgée de trente ans, de Pleï-
ber-Christ, avait été trois ans sans pouvoir
marcher, elle se voua au P. Maunoir ; elle al-

la à cheval à son tombeau, et y recouvra sa santé. Un an après, elle y retourna en parfaite santé, et y fit sa déposition, le 16 Juin 1685.

ARTICLE VIII.

Des paralytiques guéris.

Je commence cet article par la guérison de Melle Coatmen, qui demeure à présent à Tréguier avec Mme sa mère. L'information de ce miracle fut faite le 5 de Juillet 1686. La demoiselle en fit le récit l'an passé à Mgr l'évêque de Tréguier, et elle m'en a assuré plus d'une fois avec beaucoup de reconnaissance pour le P. Maunoir. Voici le fait : Melle Marie-Angelle De Coatmen eut une grande maladie dans son enfance ; elle en fut toute contrefaite et réduite à l'extrémité ; les médecins désespéraient de la guérir, et disaient que quand même elle aurait pu vivre quelque temps, elle aurait été contrefaite et défigurée toute sa vie. Mme sa mère, appelée Magdeleine Chrétien, désolée de l'état de sa fille, la voua au P. Maunoir, et incontinent la malade fut parfaitement guérie. Ce miracle fut prompt et promptement divulgué, et le mérite de la mère et de la fille, qui en conviennent, ne permet point d'en douter.

Mme la marquise de Kergroadez a été guérie à peu près de la même manière : elle s'appelle Marie-Jacquette Fleury. A l'âge de trois
ans, elle fut tourmentée d'une fièvre si violente,
qu'elle souffrit de terribles convulsions durant
dix-sept jours : on ne sait pas comment elle y
put résister ; le médecin l'avait abandonnnée,
et l'on n'attendait que sa mort, ce qui causait
bien des alarmes dans la maison. Mme De
Kereller-Kerfulguen ayant appris qu'elle était
à l'extrémité, dit à M. et à Mme De Penaru
qu'ils devaient vouer leur fille au P. Maunoir
qui faisait beaucoup de miracles : ils crurent
ce conseil salutaire ; ils la vouèrent, et dans le
moment les convulsions cessèrent, elle se trouva tranquille et demanda deux œufs qu'elle
avala ; et dès lors elle se porta bien : le médecin la vint voir le lendemain matin sans espérer
de la guérir ; quand il la vit en santé, il ne put
s'empêcher de s'écrier que c'était un miracle
évident. Mme De Penaru alla d'abord avec sa
fille et M. de Kerfourn, prêtre, remercier à
Plevin, le P. Maunoir ; et, le 6 mars 1708,
le père, la mère et M. de Kerfourn, témoin
du miracle, m'envoyèrent leur déclaration en
forme.

Catherine Le Coran, de Melran, en Vannes,
avait tout le côté gauche desséché depuis le

bras jusqu'au pied ; dès qu'elle fut vouée au
P. Maunoir elle fut guérie, et alla sans délai ,
à pied , visiter son tombeau , le 10 Juin 1685.

Anne Le Roy, de l'île de Bréhat , déclara à
Plevin , le 14 mai 1690 , qu'un matin en se
levant elle se trouva paralytique d'un bras , et
qu'elle avait été six mois entiers à ne pouvoir
s'en servir , qu'elle s'était vouée au P. Maunoir , et que dans l'instant elle avait été parfaitement guérie.

Melle Gabriëlle Cadiou , de Carnot , dame de
Launay-Kerautem, avait été pendant deux mois
tellement affligée d'un rhumatisme qu'elle ne
pouvait plus marcher, ni remuer le bras droit;
elle eut l'inspiration de se vouer au P. Maunoir,
et quoiqu'elle fût abandonnée des médecins ,
dès le jour même qu'elle fit son vœu, elle se servit librement de son bras , et peu de jours
après, elle marcha parfaitement bien. C'est la
déclaration qu'elle fit à Plevin , le 1er de Novembre 1683.

Denise Penhoat, de Duaut, était tellement
paralytique qu'elle ne pouvait remuer ni bras
ni jambes ; elle se voua au P. Maunoir , fut
guérie , et , sans tarder, alla en parfaite santé
à Plevin , le 1er Novembre 1683.

François Le Boussart, de Plounevé-Porzay,
âgé de 48 ans , était perclus d'un bras , et

sentait des douleurs insupportables; il se voua
au P. Maunoir, et il promit d'aller à son tombeau : dès le même moment, il se trouva guéri;
mais ayant négligé d'effectuer sa promesse, le
mal le reprit ; il reconnut aussitôt sa faute , et
renouvela son vœu , dans le dessein cependant
d'attendre l'ouverture de la mission qui devait
bientôt se faire à Plevin. Ce délai lui coûta
cher; il ressentit toute la nuit suivante de si
vives douleurs , que , dès lendemain , il fut
obligé de partir ; à peine fut-il en chemin qu'il
fut encore guéri. C'est sa déclaration faite à
Plevin , le 4 Juin 1683.

Guillemette Le Bot , âgée de 50 ans , avait
été pendant dix-huit mois si paralytique, qu'il
la fallait porter et qu'elle ne pouvait hausser
la main jusqu'à la tête; elle se voua au P.
Maunoir et incontinent elle se trouva soulagée; mais pour obtenir une parfaite guérison ,
il lui fallut aller au tombeau du serviteur de
Dieu : ce fut là que la grâce entière lui fut accordée, elle y marcha d'un pas ferme , sans
sentir aucune douleur, en Juillet 1683.

M. Benjamin-René Dinois , âgé de 63 ans ,
était si paralytique qu'il ne pouvait plus ni
marcher, ni parler, ni voir d'un œil; dans le
moment que Melle sa fille le voua au P. Maunoir , il fut parfaitement guéri, le 2 Février

1687. Melle sa fille en fit sa déclaration à Plevin, le 4 Février 1688.

Mme De Keringan-de-Trolong, de Henguat, ayant été affligée d'une grande douleur, ou goutte sciatique au côté gauche pendant trois ans entiers, se voua au P. Maunoir, et promit d'aller à pied à son tombeau : dans l'instant elle fut soulagée, et dès qu'elle se mit en chemin elle fut tout à fait guérie, le 20 Août 1683.

Bernard Cozigou, de Plouaret, en Tréguier, avait été perclus pendant quatre ans, de manière à ne pouvoir remuer les bras : Catherine Olymphant le voua au P. Maunoir; avant la nuit, il portait la main à la tête et fut guéri le 19 mai 1687.

Augustin Aline, fils de M. de Kerdaniel, du Pont-L'abbé, était si paralytique et si malade qu'il ne pouvait remuer ses bras : les chirurgiens disaient que le mal était incurable; on le voua au P. Maunoir et aussitôt il fut guéri, et alla avec Mme sa mère, Anne Furic, à Plevin, le 11 Juin 1684.

Jeanne-Rose de La Chapelle, fille de Charles de La Chapelle, sieur de Kerroué et de Perrine de Rosmordreuc, souffrait de grandes douleurs aux bras et aux jambes, qui l'empêchaient de dormir et lui faisaient jeter les hauts

cris : elle fut guérie dès qu'elle fut vouée au
P. Maunoir ; mais , parce que l'on différa
l'exécution du vœu , le mal recommença : ce-
la obligea son père et sa mère de la mener à
Plevin , où elle fut parfaitement guérie , le 18
Juin 1684.

ARTICLE IX.

Des muets qui ont parlé.

On sera peut-être surpris de voir que dans
le récit que je fais des miracles du P. Maunoir,
je ne parle que des maux incurables et de guérisons subites ; je prie ceux qui craignent qu'il
n'y ait, en cela de l'exagération , de considérer
qu'ordinairement on ne s'adresse à Dieu et
à ses saints , que quand on ne trouve pas d'autre remède ; d'ailleurs , quand le miracle ne
me paraît pas évident , je n'en parle point ,
j'en omets même plusieurs qui paraîtraient tels
à ceux qui en considéreraient les circonstances,
mais que le grand nombre d'autres plus évidents m'oblige de taire.

Je commence le récit de ces merveilles par
une demoiselle que je connais et qui m'a raconté elle-même ce qui lui est arrivé ; l'information en fut faite dans le temps où son père,
se mère et elle se trouvèrent à Plevin , et ce

n'a été que longtemps après qu'elle m'a expliqué les circonstances de ce miracle.

Melle De Kerelan, âgée de neuf ans, n'avait jamais parlé, quoiqu'elle entendît ce que l'on disait, et l'on avait sujet de craindre qu'elle n'eût resté muette toute sa vie : son père et sa mère la vouèrent au P. Maunoir, et elle fut envoyée de Morlaix à Plevin. Quand elle entra dans le cimetière sa langue se délia, et elle prononça ces deux mots, *Doué*, *Tat*, qui signifient : *Dieu*, *Père*, ce sont les deux premiers mots de sa vie, et elle s'en souvient avec reconnaissance pour le bon Père à qui on l'avait vouée. Dès lors elle parla fort bien de toutes choses comme si elle n'eut jamais été muette ; elle entra dans l'église, et remercia le serviteur de Dieu. Le miracle suivant n'est guère moins surprenant.

Yves Lezrou, de Logonna, près de Brest, avait été muet pendant sept ou huit ans ; dès qu'il fut voué au P. Maunoir, il parla avant de faire le voyage de Plevin, où il fit sa déclaration avec des témoins, le 17 Juin 1685.

Louise Corbé, âgée de six ans, n'avait jamais parlé, quand sa mère, Marie Balen, la voua au P. Maunoir : trois jours après le vœu, la petite fille parlait distinctement. Quand on en fit l'information, le 1er Juillet 1683, elle

répondit distinctement à tout ce qu'on lui demanda : M. Quillerou, recteur de Motref, sa
paroisse, et la mère de l'enfant protestèrent
qu'elle avait été muette jusqu'alors, le 5 Juillet
1695. On en fit une nouvelle information juridique, qui s'est trouvée conforme à celle-ci.
C'est de la sorte que je puis dire que de nouvelles informations n'éclairciraient point
mieux les faits que les premières et seraient
inutiles.

Laurent Le Ferec, âgé de huit ans, de la
paroisse de Melac, proche de Quimperlé, n'a-
vait jamais parlé ; sa mère le voua au P. Maunoir, fit pour lui une neuvaine ; il parla distinctement avant la fin de la neuvaine, le 7
mai 1685.

Jean Boscher, de Poullaouen, âgé de neuf
ans, avait été, les six dernières années, muet :
dès que sa mère, Catherine Lostallen, le voua
au P. Maunoir, il recouvra la parole, le 20
mai 1687.

Jean Goarin, de Ciliac, avait eu l'usage libre
de la langue et devint muet ; il resta cinq ans
dans cet état : l'an 1689, il se voua au P. Maunoir, et il recouvra d'abord la parole. Sa déclaration est du 21 mai 1690.

Une fille de Jean Monier, âgée de dix-huit
ans avait été pendant sept ans de suite sans mar-

cher, ni parler; elle fut vouée au P. Maunoir, elle alla à cheval avec son oncle à Plevin, au mois de mai : dès qu'elle y eut prié Dieu, elle marcha et parla; elle s'en revint en parfaite santé, le 23 Juin 1686.

Pierre Chastalou, de Loguivi-Lannion, âgé de vingt ans, étant aveugle, muet, sourd et paralytique, resta dans cet état un mois entier, sans espérance de guérison : son père, François Chastalou, le voua au P. Maunoir, et, dès le jour même, il commença à entendre, parler, voir et marcher.

Jean-Jacques Huchet, âgé de neuf ans, dans une grande maladie, près de mourir, avait perdu la parole; son père et sa mère le vouèrent au P. Maunoir, demandant qu'il pût parler, du moins pour se confesser, puisque jamais il ne s'était confessé : ils obtinrent plus qu'ils n'avaient osé espérer; dans l'instant il recouvra la parole, et peu après il se porta bien. Le 25, Juillet 1683.

Louise Cotillard, de Banalec, n'avait jamais pu parler jusqu'à l'âge de 14 ans; les voisins conseillèrent à sa mère, Catherine Cadic, de la vouer au P. Maunoir; après trois semaines, elle parlait distinctement : la mère et la fille en firent à Plevin leur déclaration, le 14 Juin 1689.

Alain Grall, de Sizun, dans une grande maladie, fut réduit à l'extrémité et perdit la parole pendant trois jours ; il fut voué au P. Maunoir, et tout aussitôt il recouvra non-seulement la parole, mais encore une parfaite santé. Il alla faire sa déposition qu'il signa à Plevin, le 21 Juillet 1685.

Je finis cet article par un miracle semblable à la guérison de Jean Boisadam, dont j'ai parlé dans la préface. Le 30 Juillet 1712, je me suis fait raconter cette merveille par Catherine Jaouen, qui vit encore, et qui avait fait sa déclaration à Plevin, l'an 1683, immédiatement après la guérison de son fils, que j'ai vu aussi en parfaite santé. Olivier Kernevé, de Ploujan, âgé de cinq ans, avait depuis l'âge de 3 mois un mal invétéré, et ne faisait aucun effort qu'il ne tombât en défaillance. Ces symptômes fâcheux l'avaient enfin réduit à l'extrémité : un jour qu'il était près de mourir, vers midi, sa mère, Catherine Jaouen, fut obligée de sortir pour porter à dîner à ses gens qui labouraient la terre ; en sortant, elle ferma la porte à clef, et, dès qu'elle fut arrivée dans le champ, elle pressa les laboureurs de venir dîner, afin qu'elle pût se trouver à la mort de son fils, qu'elle avait laissé à l'extrémité : comme ils tardèrent un peu, elle se mit à genoux,

au coin du champ, elle voua son fils au P.
Maunoir; quand elle retourna chez elle, elle
fut surprise de trouver son fils en parfaite santé; elle lui demanda comment cela était arrivé? Un vieux prêtre, dit l'enfant, est entré
ici, et m'a guéri : peu de jours après, la mère
ayant mené son fils à Plevin, dès qu'il vit le
portrait du P. Maunoir : « Voilà, dit-il, celui qui m'a guéri. »

ARTICLE X.

Couches heureuses.

Parmi les personnes qui ont obtenu de grandes grâces de Dieu par l'intercession du P.
Mounoir, j'en trouve un grand nombre qui se
sont adressées à lui dans les douleurs extrêmes
de l'enfantement et qui ont reçu un prompt
secours. Que de mères ont été soulagées ! Que
d'enfants ont reçu la grâce du Baptême, contre
toute espérance, dès qu'on les a voués au P.
Maunoir !

Mme De Monteville du Bois-Boissel, Yvon-
ne-Marguerite de Trogoff, étant sur le point
de mourir dans ses douleurs, accoucha heureusement, et même sans peine, dès qu'elle
eut bu un peu de vin, où l'on avait trempé un
morceau du foie du P. Maunoir.

Mme Du Bourgerel, Marie-Thérèse le Bigot, étant réduite à l'extrémité, se voua au P. Maunoir et engagea d'autres personnes à joindre leurs prières aux siennes, et dans l'instant elle accoucha heureusement : cette faveur lui a été accordée deux fois dans les mêmes peines.

Mme de Kerbras-le-Roy, de Morlaix, l'an 1687, se trouva si malade dans ses couches, qu'elle eut un transport au cerveau et de grandes convulsions : on assembla les médecins et les chirurgiens les plus experts de la ville, qui dirent tous qu'il n'y avait nulle espérance qu'elle en pût échapper ; et, comme ils en étaient persuadés, ils conclurent qu'il fallait du moins sauver l'enfant, en faisant une opération qui ne pouvait être que très-dangereuse : sa mère la voua au P. Maunoir ; aussitôt elle accoucha heureusement : on ramassa les instruments qui étaient sur la table, et chacun se retira en bénissant Dieu. Mme de Kerbras en a fait deux fois à Plevin sa déposition juridique, le 7 Novembre 1688, et le 25 Juillet 1695.

Mme Du Plessy-de-Ré m'a assuré que la même chose lui arriva du temps de son premier mari, et qu'elle vit les instruments tout prêts ; mais qu'elle accoucha dès qu'elle fut vouée au P. Maunoir.

Je n'ai cité ici que des personnes distinguées, qui ne crient point miracle sans raison : j'en pourrais citer un grand nombre d'autres dont j'ai les dépositions. Mme Du Cotier , du Vieux-Bourg , de Quintin ; Mme de La Ville-Neuve , de Moncontour ; Mme de Kerrichard , Anne Raison , de Plouneïs-Paimpol ; Mme du Poulpatré , sénéchale de Crozon , toutes en danger évident de mort , et délivrées dès qu'elles ont été vouées au P. Maunoir.

Il y a eu plusieurs personnes de qualité, qui, après avoir passé plusieurs années dans le mariage sans enfants , en ont obtenu de Dieu dès qu'elles se sont vouées au P. Maunoir ; j'en pourrais citer des exemples , dont les informations ont été faites ; mais comme l'on pourrait nier qu'il y eût en cela du miracle , je n'en parlerai point.

ARTICLE XI.

Guérisons de diverses maladies.

On sera surpris d'entendre parler de tant de guérisons différentes que l'on a obtenues en s'adressant au P. Maunoir. Comme il a fait des missions dans toute la Bretagne , et que l'on avait de la vénération pour sa vertu , on accourait de tous côtés à son tombeau et l'on y trouvait un prompt remède à ses maux : ceux qui ne pouvaient point y aller, se recommandaient à ses prières, et se trouvaient exaucés. Je n'aurais jamais fini si j'entreprenais de rapporter ici toutes les guérisons qu'il a obtenues de Dieu. En voici quelques-unes par lesquelles on pourra juger des autres.

Jean Jacques, de la paroisse de Plouneïs-Paimpol, âgé de 17 ans, avait été depuis l'âge de 3 ans jusqu'à 16 ans tourmenté d'une maladie continuelle qui l'avait jeté dans une langueur mortelle ; il fut voué et se voua lui-même au P. Maunoir, et dans l'instant il se trouva guéri. Il alla quelques mois après à Plevin à pied remercier son libérateur, le 5 Septembre 1684.

La Mère Marie, de Sainte-Anne, supérieure des religieuses Ursulines du Faouët, après une fièvre quarte, de huit mois, fut réduite à l'extrémité par une fièvre continue très-violente : le P. Martin, de la Compagnie de Jésus, autrefois compagnon du P. Maunoir dans les missions, conservait sa croix et sa petite cloche ; il les prêta une nuit à la malade : on trempa la croix dans la tisanne qu'elle but, et incontinent la fièvre cessa. Toutes les religieuses attestèrent ce miracle et envoyèrent à Plevin leur chapelain y faire sa déposition, le 25 Janvier 1685.

M. de Coëtodon était si malade , au mois de
Juillet 1684 , qu'on désespérait de sa guérison : les médecins l'avaient abandonné , il
avait reçu le saint Viatique et l'Extrême-Onction. Mᵐᵉ De Monmortier , sa fille , le voua au
P. Maunoir et l'engagea à se vouer de cœur :
dès que le vœu fut fait , le mal cessa tout d'un
coup : peu après ils firent tous deux le voyage
de Plevin , où ils signèrent leur déposition.

Isabelle Le Joly , âgée de 17 ans , de Scaër ,
malade à l'extrémité , avait déjà perdu la parole ; sa mère désolée la voua au P. Maunoir ,
incontinent elle se porta mieux , et, sans tarder , elle alla à Plevin , en parfaite santé , faire
sa déclaration , le 27 Mai 1685.

Alain Le Menn , de Crozon , tombait souvent en épilepsie ; un jour il resta longtemps sans mouvement ; Jean Le Menn , son
oncle , le voua au P. Maunoir , ce vœu lui fut
si salutaire , que non-seulement il revint en
parfaite santé , mais encore il fut préservé absolument de ce mal. Il en fit sa déclaration le
10 Juin 1685.

M. le vicaire perpétuel de Pleïben , René de
Kerret , avait été pendant trois ans entiers fort
incommodé d'une fluxion à la gorge , sans pouvoir trouver de remède ; il se voua au P. Maunoir ; il commença une neuvaine à son cœur

au collége de Quimper , et le troisième jour
de la neuvaine il se trouva parfaitement guéri.
Il signa sa déposition à Plevin , le 21 de Juin
1685.

Thomas Le Boyer , de Châteauneuf , en
Cornouaille, étant malade à l'extrémité, se
voua au P. Maunoir; et aussitôt il se trouva guéri , le 27 Juillet 1692.

Marguerite Auffret , l'an 1697 , dans une
grande maladie, fut réduite à l'extrémité; elle
avait perdu la parole ; on la croyait même
morte , tant elle était devenue froide : Melle
Rosmaria, qui se trouva sur les lieux , la voua
au P. Maunoir, au même instant l'on fut surpris
de la voir revenir à elle-même ; elle parla et
se porta bien. Sa déclaration à Plevin est de
l'an 1699.

M. De Kerergon-Prouhet, avocat à la cour,
demeurant près de Quimper, s'est souvent ressenti de la protection du P. Maunoir. L'an
1692 , il fut si malade d'un débordement de
bile , qu'un jour entre autres, le mal ayant re-
doublé avec violence, il demeura comme mort :
dans cette extrémité , sa femme Marie le Roux
et sa fille Jeanne - Elizabeth Prouhet le
vouèrent au P. Maunoir ; et , dans l'instant ,
il revint à la santé, et il s'est bien porté depuis.
Nous avons la déclaration qu'il en a donnée par

écrit, ainsi que celle des deux miracles suivants : il me les a confirmés de vive voix longtemps après.

Mme Du Cluziou, sa fille, Marie-Corentine Prouhet, s'était trouvée pendant toute l'année 1683, si malade de l'estomac, qu'elle répoussait d'abord tout ce qu'elle mangeait; quelque traitement que les médecins lui eussent fait, le mal continuait toujours : ne trouvant aucun soulagement humain, elle eut recours à Dieu, et, pour obtenir sa guérison, son père et sa mère la vouèrent au P. Maunoir: elle commença une neuvaine à son cœur dans l'église des Pères de la Compagnie de Jésus, dont elle n'était pas éloignée, puisqu'elle demeurait alors en ville ; avant que la neuvaine fût finie, elle fut parfaitement guérie : elle avait même l'estomac si bon qu'elle digérait les nourritures les plus grossières, quoique avant le vœu elle ne pût souffrir les plus délicates.

Jean-Baptiste Prouhet, frère de cette dame, âgé de sept ans, se trouva, l'an 1692, tellement malade de la petite vérole, que les médecins disaient que le mal était sans remède : son père se mit à genoux dans la chambre du malade, et en présence de tous ceux qui y étaient, il le voua tout haut au P. Maunoir : dès le jour même il fut exaucé; son fils commença à voir et fut hors de danger.

Michel Le Gentil, âgé de douze ans, au château de Quelern, en Crozon, avait une grosse fièvre, était réduit à l'extrémité et ne pouvait pas même se tourner dans le lit, tant il était faible : lorsqu'on le croyait sur le point de mourir, on lui attacha au cou un morceau du bonnet carré du P. Maunoir, et dans l'instant il déclara qu'il n'avait plus de mal ; il demanda ses habits, il s'habilla lui-même en parfaite santé et il alla se promener. La déposition juridique de son père se fit le 10 Juin 1684.

Le même jour, Henri Aruel et Marie Lisac firent et signèrent la déposition suivante : leur petite fille, nommée Marie-Anne, était si remplie de furoncles par tout le corps, que tout le monde disait qu'elle avait peu de jours à vivre : dès le moment qu'on lui eut attaché au bras un morceau du bonnet carré du P. Maunoir, elle fut guérie de tous ses furoncles et n'en a eu aucune atteinte depuis : elle se porta parfaitement bien.

Maître Jacques Le Dluz, de Landerneau, était malade à l'extrémité d'une pleurésie et abandonné des médecins, qui disaient que, outre cela, il avait le foie gâté, à n'en pouvoir revenir : il se voua au P. Maunoir, et dans l'instant le mal diminua ; le même jour, il se leva du lit, et il reprit ses forces fort vite. il signa cette déposition à Plevin, le 22 d'Août 1684.

L'attestation des médecins a coutume d'être une bonne preuve de la guérison miraculeuse des malades; mais s'ils reconnaissent eux-mêmes qu'ils ont été guéris contre toute espérance par quelque serviteur de Dieu, leur témoignage doit avoir encore plus de force. On peut lire dans la vie du P. Maunoir comment M. Du Catel, médecin de Quimper, fut guéri subitement de la goutte par son intercession.

M. l'Empereur, autre médecin de la même ville, nous a donné son attestation, qui est aussi signée par sa femme, et reçue par un des commissaires de Mgr de Quimper. Voici comment il parle dans sa déposition juridique : « Je, » soussigné, déclare que, ayant été en diverses » fois, pendant six mois, malade de quatre » grosses et différentes maladies, toutes mor- » telles ; ne pouvant point recouvrer ma san- » té, quelques remèdes que l'on m'ait donnés, » et me voyant dans l'abandon par la » connaissance que je puis avoir dans » la médecine, où je suis docteur depuis dix- » huit ans ; la nouvelle de la mort du P. Mau- » noir me vint à l'entrée d'un redoublement, » dont je craignais une très-mauvaise issue : » on me donna en même temps un billet, où l'on

» l'on avait mis un morceau de linge trempé
» dans le sang du Père ; je me vouai à lui avec
» une grande confiance, et je ne sentis pres-
» que point mon redoublement : je me trouvai
» ensuite si parfaitement guéri, que, trois
» jours après, je montai à cheval pour aller
» voir un malade, au Pont-l'Abbé, et je ne
» m'en trouvai point incommodé. »

Gilette Le Goff, de Crozon, après plusieurs
jours de maladie, fut réduite à l'extrémité; elle
reçut le saint Viatique et l'Extrême-Onction :
étant sur le point de mourir, elle eut inspiration de se vouer au P. Maunoir ; et dès le moment qu'elle eut fait son vœu, elle se sentit
tellement soulagée qu'elle dit à son mari, Glai-
ran Olivier : « Me voilà guérie. » Ce qui se
trouva véritable, et ce qu'ils déposèrent tous
deux, l'an 1685.

Une semblable guérison fut accordée à Melle
Kerivoilezre, de Crozon ; elle était mourante;
la signature d'une lettre du P. Maunoir, qu'elle
s'appliqua, la guérit.

M. Bauguion, prêtre et zélé missionnaire,
étant malade à l'extrémité, a été deux fois guéri subitement par l'intercession du P. Maunoir,
à qui on l'avait voué. La déclaration qu'il en
a donnée est dans les formes.

Marie Le Bras, âgée de vingt ans, de Ploue

gat-Moisan, avait été pendant quatre ans entiers malade, et les quatre derniers mois elle
ne pouvait marcher, elle se voua au P. Maunoir, et se trouvant guérie, elle alla sans délai
à Plevin 1683.

Florentin de Toulboudou, âgé de trois ans,
après une grande maladie, fut, pendant huit
jours, si faible, qu'on craignait à tout moment qu'il n'expirât, les remèdes ne le pouvant soulager; Mme de Guidefoz, sa mère, qui
ne le pouvait quitter, envoya une offrande au
tombeau du P. Maunoir : l'on remarqua que,
pendant que l'on priait à Plevin pour le malade, il se trouva subitement soulagé, et demanda à manger. Deux religieux de l'abbaye
de Langonnet et M. le recteur de sa paroisse,
qui accompagnèrent Mme de Guidefoz à Plevin, signèrent aussi la déposition qu'elle en fit.

Mme la Comtesse de Lannion (*) a eu trois
fois recours au P. Maunoir et a été toujours
exaucée. Son mari, M. le Comte de Lannion,
étant malade en danger de mort, dans son af-
fliction, elle le voua au P. Maunoir ; ses vœux
furent promptement exaucés : il se porta bien

(*) Cette illustre maison s'est éteinte en la personne
de madame la duchesse de Tourzelle, gourvernante des
enfants de France, jusqu'au moment de leur emprison-
nement au temple.

incontinent et a vécu plusieurs années depuis. Outre cela, elle s'adressa au prières du P. Maunoir pour obtenir un enfant, qui lui fut accordé onze mois après son premier vœu. En troisième lieu, elle fut dans un danger évident de mort dans ses couches, elle se voua encore au P. Maunoir, et elle accoucha heureusement. Elle fit sa déclaration de tout ceci, à Plevin, le 7 Août 1687.

Mme de La Métairie, Louise de Langourla, étant éloignée de son mari pour quelques affaires, entendit dire qu'il était à l'extrémité; en effet, il avait déjà reçu l'extrême-onction : elle de voua au P. Maunoir, et partit aussitôt; le lendemain, quand elle arriva, elle le trouva hors de danger, et elle apprit qu'il s'était trouvé mieux à l'heure même qu'elle s'était jetée à genoux pour le recommander aux prières du P. Maunoir.

A peine la précédente déposition était-elle signée, que Monsieur et Madame de Kerstang de Gourin arrivèrent aussi à Plevin, pour remercier Dieu de ce qu'il avait rendu la santé à leur fille Annette de Kergus, qui avait été fort malade à Rennes, et qui s'était trouvée guérie dès qu'elle avait été vouée au P. Maunoir.

Marie-Thérèse Balifoli, fille de Monsieur

Batifoli et de Marie-Madeleine Philippe de Landerneau, était réduite à l'extrémité par une fièvre chaude, et désespérée des médecins; elle fut vouée au P. Maunoir, et dans le même instant tout le mal cessa, comme si l'on eût jeté de l'eau dans le feu; c'est l'expression dont se servirent le père et la mère dans leur déposition, le 5 Octobre 1683.

Mathurin Raoult de Saint-Éloi, en Vannes, après une longue maladie, se vit réduit à l'extrémité; les médecins et tout le monde désespéraient de sa guérison; son fils Olivier Raoult le voua au P. Maunoir, et aussitôt le malade revint en parfaite santé. L'information est du 22 Mai 1684.

François Gresset, de la paroisse de Saint-Germain-Coquelay en Rennes, dans une grande maladie fut sur le point de mourir; il fut huit jours sans parler: son père le voua au P. Maunoir, et, dans le même moment il revint en parfaite santé. Deux mois après, il alla à Plevin, et y signa sa déposition le 3 de Juin 1684.

Monsieur de Kermarquer, François Hervé, de Guémené, était si malade qu'il tomba dans une léthargie qui dura huit jours; il fut entousé, saigné aux bras et aux deux pieds: et il resta cependant sans mouvement, ni sentiment ; mais dès que Madame de Kermarquer le voua au P. Maunoir , il revint à lui tout d'un coup : il dit à son père d'aller prendre un peu de repos , parce qu'il avait beaucoup veillé , et il commença à parler à ceux qui étaient dans la chambre et qui admiraient ce qui s'était passé ; le lendemain , après avoir dormi toute la nuit , il se porta bien. Son père signa cette déclaration à Plevin le 29 Juin 1684.

Alain Gall, de Sizun, surprit également tout le monde par la promptitude de sa guérison : il avait eu une grande maladie, et enfin il était réduit à l'extrémité, ayant perdu la parole pendant trois jours : il fut voué au P. Maunoir , et aussitôt il se trouva en parfaite santé. Il signa sa déposition à Plevin le 21 Juillet 1685.

Mademoiselle Agnès-Claire de Molien , fille de Monsieur de Lanhoulou , âgée de 12 ans, était fort malade de la petite vérole ; son visage en était tout couvert , et l'on avait sujet de craindre que, si elle en réchappait , elle n'en fût toute défigurée ; son père , ancien ami du P. Maunoir , se jeta à genoux , et le conjura d'obtenir qu'elle ne fût point marquée : dès que sa prière fut faite il se leva , et il remarqua qu'il ne restait ni croûte ni marque au visage de sa fille : tous ceux qui étaient sur les lieux admirèrent ce prodige si prompt et si surprenant. Sa déclaration fut faite à Plevin le 24 Août 1687.

Louis-Charles du Quelennec, âgé de seize ans, de Kergrist, fils de Monsieur du Quelennec Campostal et de Madame Hélène de Suasse, était sur le point de mourir, et avait déjà reçu l'extrême-onction : lorsqu'on l'exhortait à la mort, il dit qu'il ne mourrait pas encore, parce qu'il venait de se vouer au P. Maunoir en qui il avait confiance : en effet, tout d'un coup après son vœu, il se rétablit. Telle est la déclaration de sa mère signée à Plevin le 10 Août 1687.

Jacquette Pinvern, de Gourin, âgée de sept ans et demi, avait été toujours malade depuis l'âge de quatre mois ; elle languissait et dépérissait à vue d'œil ; son père Maurice Pinvern, touché de compassion, la mena dans un mannequin à Plevin, et mit dans l'autre mannequin Marie Auffret âgée de six ans et demi qui était aussi malade depuis longtemps : dès qu'elles furent arrivées au tombeau du P. Maunoir, elles se trouvèrent toutes deux guéries : leur guérison, quoique subite, fut de durée ; Maurice Pinvern revint à Plevin en donner sa déclaration juridique le 5 Janvier 1684.

Nicolas Quintin, de Hanvec, âgé de 42 ans, se trouvant malade à l'extrémité, se recommanda au P. Maunoir, et il fut sur-le-champ guéri. Il en fit sa déclaration à Plevin le 22 Mai 1684.

Françoise le Coent, âgée de 38 ans, de Cleden, avait été malade pendant 4 ans entiers: elle se voua au P. Maunoir, et dès qu'elle eut fait son vœu, elle fut guérie, et alla peu après à Plevin en faire sa déclaration le 26 Juillet 1684.

Madame de Treffri, Françoise Joüan de Penanec'h, fut guérie subitement d'une fièvre quarte de dix mois, dès qu'elle se fut vouée au P. Maunoir, le 21 Juillet 1683.

Mademoiselle Denise Féger, malade depuis quatre mois, était désespérée des médecins; elle se voua au P. Maunoir; dans le moment elle fut hors de danger : elle alla à Plevin en faire sa déclaration le 23 Août 1688.

Mademoiselle Marie-Françoise Geslin, âgée de huit ans, fut malade à l'extrémité, et n'avait d'autre mouvement pendant deux jours que des convulsions violentes; elle fut vouée au P. Maunoir, et but une goutte d'eau, où l'on avait trempé un grain de chapelet que le P. Maunoir avait autrefois béni; dans l'instant elle parla, et un moment après elle fut guérie : sa mère et elle avec deux autres témoins signèrent cette déclaration à Plevin, le 10 du mois d'Août 1684.

Il faut finir cet article qui est déjà fort long ; j'y pourrais ajouter plusieurs autres guérisons subites de plusieurs malades : en voici quelques-unes sans circonstances. Marie Mougec, de Saint-Herbot, avait perdu la parole; elle fut vouée au P. Maunoir, et guérie sur-le-champ ; la même grâce fut accordée à Louise Cozian, âgée de 40 ans, près de mourir, de Pleïben ; à Marie Fouquet, de Trébrivan, sur le point d'expirer ; à un fils de Matthieu Redeau, de Quimperlé, frappé d'un mal si violent qu'on le croyait mort ; à Catherine Lozac'h de Douarnenez, malade à l'extrémité ; à François Le Breton, âgé de sept ans, de Plouguernevel, dans un grand délire et près de mourir ; à Yves Abgral, de Morlaix, réduit à l'extrémité ; à Sébastien Jaffré, de Guipavaz, fort malade depuis trois mois, et à la femme Christine Prihant, malade depuis dix mois ; tous ont été guéris subitement, et ont donné leur attestation à Plevin. Je ne parle point de plusieurs autres qui ont été soulagés après s'être voués au P. Maunoir ; je ne fais mention que des guérisons subites, et j'en omets un grand nombre, quoique bien avérées.

ARTICLE XI.

Guérisons de diverses infirmités.

Il fallait que l'on fût bien convaincu du pouvoir qu'a le P. Maunoir auprès de Dieu, puisque de tous côtés l'on s'adressait à lui ; sur mer et sur terre, on invoquait son nom, dans les maladies, les accidents, les dangers ; les procès, les besoins, on implorait son assistance. Avait on égaré des papiers de cons équen ce, se voyait-on hors d'état de réfuter u ne calom nie, était-on abandonné de tout s ecours hu main ; je trouve des informations faites d'un prompt secours arrivé, da ns ces sortes de ren contres, par le moyen du P. Maunoir. Dans des tempêtes, courait-on un da nger évident de faire naufrage, des matelots de Bréhat, de Kérity et d'ailleurs sont v enus au tombeau du Père le remercier de ce qu'il les a vait exaucés quand, sur le point de périr, ils s'étaient adressés à lui. Ces sortes de miracles parais sent d'abord évidents à ceux qui ont éprouvé le secours du ciel ; mais peut-être que d'au tres les voudraient attribuer à des causes na turelles ; cela m'empêche d'en parler ; les miracles suivants me paraissent plus incon t estables.

Mademoiselle Anne Cloarec, de Roscoff, était

fort incommodée d'une loupe qu'elle avait au genou ; n'y trouvant aucun remède, elle se voua au P. Maunoir, et aussitôt elle fut guérie. 1686.

Catherine Morvan, âgée de neuf ans, avait à la bouche un chancre si venimeux qu'en vingt-quatre heures il rongeait l'épaisseur d'un doigt ; son père Guillaume Morvan, désolé de ce mal qu'il voyait incurable, la voua au P. Maunoir ; dans l'instant le cours du mal cessa et les chairs commencèrent à se rétablir, sans qu'on y employât aucun remède ; elle se portait bien quand, quelques jours après, son père la mena à Plevin, où ils confirmèrent tous deux leur déclaration, le 27 Août 1683.

Anne Plunet, de Guiscrif, âgée de quatre ans, avait les bras estropiés et ne pouvait plus s'en servir ; outre cela, elle avait un abcès à la poitrine ; sa mère Marie Cadic la voua au P. Maunoir, et fit le voyage de Plevin pour elle ; à son retour, elle trouva que sa fille avait les bras libres et s'en servait, et que l'abcès se fermait de lui-même ; elle retourna à Plevin faire sa déposition, le 17 Juin 1684.

Madame de Bourgogne Geslin, Renée Le Nobletz, avait un gros rhume que plusieurs

croyaient mortel ; elle mit sur sa tête un morceau de la robe du P. Maunoir, et dans l'instant elle fut guérie ; elle avait encore été guérie auparavant d'un grand mal de côté , en y
appliquant le même morceau de robe. Le
27 Mai 1684 , elle en fit cette double déclaration.

Madame de Kerhuon, Françoise de Carné ,
guérie subitement d'une fièvre quarte par l'intercession du P. Maunoir , vint à Plevin le 9
Novembre 1683 , accompagnée de Mademoiselle Blanquet qui avait eu la jambe gauche
si enflée et si enflammée qu'elle ne pouvait
reposer ; Madame de Kernevez lui donna un
morceau de toile teint du sang du P. Maunoir , elle en frotta les endroits où elle souffrait le plus , et dans l'instant toute la douleur cessa. Elles signèrent toutes deux leur
déclaration.

Madame du Pradennou , Françoise-Brigitte
de Plœuc , d'auprès de Brest , était réduite
à l'extrémité par une grosse fièvre et une
perte de sang ; dès qu'elle se voua au P. Maunoir , elle fut guérie , 1683.

Madame de Keringam , Claire de Trolong,
de Hengoët, souffrait de grandes douleurs au
côté gauche d'une espèce de goutte sciatique,
depuis trois ans : elle s'adressa au P. Maunoir

l'an 1683 et promit d'aller à son tombeau ; sur-le-champ elle se trouva soulagée, et, s'étant mise en chemin pour accomplir son vœu, elle était parfaitement guérie, quand elle arriva à Plevin.

Madame de Kerbourdonnet, Sébastienne Guerrie, de Guémené, avait été, pendant trois semaines, fort incommodée d'une fluxion au visage qui était si enflé, qu'elle était dans un danger évident de perdre l'œil droit ; elle avait cherché en vain quelques remèdes, rien ne l'avait pu soulager : mais elle trouva sa guérison dans une chambre où avait logé autrefois le P. Maunoir ; elle y entra, se jeta à genoux et se recommanda à lui ; et, dans le même instant, toute l'enflure se retira de son visage et la fluxion disparut si promptement que, le lendemain, matin il n'en restait aucune marque. Ce fait est avéré par la déposition des témoins et de cette dame, qui en signa son rapport à Plevin le 16 Avril 1684.

Monsieur Jean-Hyacinthe de Kerangueu, de Taulé, fut pendant six ou sept semaines tellement incommodé d'un ulcère à la cuisse, qu'il ne pouvait plus du tout marcher, ni arrêter l'humeur qui coulait : dès qu'il fut voué au P. Maunoir, la plaie se ferma dans

l'instant , et le lendemain il marcha librement : il vint à Plevin avec deux ou trois témoins de son mal et de sa prompte guérison,
le 3 de Juillet 1684.

Un cavalier nommé Des Rochers , de Fougères, lieutenant au régiment de Vermandois,
après avoir fait une recrue , allait avec ses
soldats en Allemagne ; au premier logement,
lorsqu'il montait à cheval , un pistolet tomba , tira et lui cassa les deux os de la jambe
droite ; les médecins et chirurgiens de Fougères l'ayant pansé , remarquèrent, au bout
de quelques jours, que la gangrène s'était formée tout le long de la jambe , et conclurent
qu'il ne fallait pas différer de la couper.
Lorsqu'ils furent près de faire l'opération ,
on la retarda pour faire un vœu au P. Maunoir:
le R. P. Nicolas, recollet , confesseur du malade, le lui conseilla ; un de ses oncles, prêtre,
se joignit à lui et fit vœu d'aller à Plevin
avec son neveu , dès qu'il serait guéri ; le
vœu fait , on leva l'appareil , et l'on trouva
la plaie rouge et vermeille sans gangrène ;
elle fut guérie en peu de jours ; le cavalier
alla à pied à Plevin avec son oncle et ils signèrent cette déposition le 24 Avril 1687.

Marguerite Pechou , de la trève de Saint-
Hervé , avait eu un coup de fusil à la cuisse

droite ; au bout de quelques jours la gangrène s'y mit ; elle reçut les sacrements et fut
abandonnée des médecins ; elle se voua au
P. Maunoir et fut d'abord soulagée ; étant
allée à Plevin , elle y fut guérie le 18 Mai
1687.

Mademoiselle Gilette-Marie de Lesmeuleuc
du Trévou, près de Quimperlé, s'était tellement
brûlé la jambe que l'on disait le mal incurable ; elle se voua au P. Maunoir ; et dans
l'instant elle fut guérie le 5 Octobre 1685.

Jeanne Quecrec'h , servante chez Louise
Guyomar à Lauvelec , avait depuis 21 mois
une fluxion au front , d'où il sortait continuellement une certaine matière épaisse, qui
lui causait de la douleur et de la confusion ;
cette fluxion avait eu au commencement son
cours par deux endroits du front ; ensuite le
tout s'était réuni dans une grande fistule :
le premier jour de Mai 1683 , cette servante
se voua au P. Maunoir, sur le soir ; le lendemain matin, elle était parfaitement guérie ,
et il ne lui resta qu'une petite cicatrice bien
fermée.

Le même jour, François Croc , fils aîné de
Louise Guyomar , se voua aussi au P. Maunoir , pour obtenir la guérison d'une fluxion
dangereuse, qu'il avait à la jambe ; ce mal lui

causait des douleurs très-sensibles et s'augmentait de temps en temps ; quelquefois sa
jambe s'enflait et était toute enflammée ; son
vœu fut fait sur le soir et le lendemain il ne
sentait aucune douleur ; quand il alla, à la
Pentecôte de 1683 , à Plevin , il n'y restait
aucune fluxion ni enflure ; mais ce jeune homme, le lendemain de son retour, étant allé voir
une danse publique, s'y laissa entraîner ; à
peine eut-il achevé un tour de danse , qu'il
sentit sa jambe s'enfler et une grande abondance d'une certaine eau froide tomber dans
son soulier ; aussitôt il se souvint que le P.
Maunoir n'avait jamais pu souffrir les dan-
seurs ; de peur d'un plus grand châtiment,
il quitta la danse , se retira dans une chapelle voisine , et , avec douleur de sa faute ,
il se recommanda aux prières du P. Maunoir,
et fit vœu d'aller à Notre-Dame de Bon-Se-
cours à Guingamp, où il fut guéri. Ces deux
miracles sont signés par plusieurs témoins
oculaires.

Marie L'Arreur, de Recouvrance , à Brest,
femme de Pierre Quernec , avait eu trois enfants qui étaient morts dans leur bas-âge ;
se voyant encore enceinte , elle recommanda au P. Maunoir l'enfant qu'elle portait ;
elle accoucha heureusement d'une fille qui ,

à l'âge de onze mois, fut jetée violemment sur le pavé par deux pourceaux ; elle eut le crâne enfoncé en tombant ; la plaie était si grande que les chirurgiens jugèrent qu'il fallait faire une incision pour relever une partie du crâne qui était enfoncé ; la mère qui ne put se résoudre à voir trépasser sa fille, la voua encore au P. Maunoir ; le lendemain elle était en parfaite santé ; le principal chirurgien et plusieurs autres témoins ont signé ce miracle, le 26 Décembre 1685.

Je ne puis me dispenser de raconter une autre guérison subite, dont j'ai été témoin moi-même : voici de quelle manière elle s'est faite ; si elle n'est miraculeuse, elle en a du moins toutes les apparences. L'an 1700, monsieur du Lézard, gentilhomme de la paroisse de Bourbriac dans l'évêché de Tréguier, était sur le point de mourir d'une hémorragie ; un médecin fort expert avait employé tout ce que l'art lui fournissait de remède pour arrêter le sang : tout ce qu'il avait pu faire pendant plusieurs jours, était d'interrompre par intervalles le saignement qui recommençait dès que le malade faisait le moindre mouvement ; enfin le médecin perdait courage, et il se voyait obligé de partir le lendemain pour une affaire importante : Dieu voulut

qu'avant son départ il fût témoin d'une merveille qu'il n'aurait pu espérer. Le mal s'augmentant, le malade ne pensait plus qu'à se
préparer à la mort : il avait déjà déclaré ses
dernières volontés , et surtout il avait ordonné qu'une mission qu'il avait résolu de défrayer en sa paroisse , se fît après sa mort :
il l'avait promise au P. Maunoir, plusieurs années auparavant ; sur le soir , le sang recommença à couler en si grande abondance qu'on
le croyait sur le point de mourir : dans cette
extrémité , je le vouai au P. Maunoir ; j'atta-
chai à son bonnet un petit morceau de toile,
qui avait été trempé dans le sang du P. Maunoir : incontinent le sang s'arrêta parfaitement
et ne coula plus du tout : le lendemain, le malade était hors de danger , et il se porte bien
dans le temps que j'écris ceci.

Quand je ne pourrais citer qu'un ou deux
miracles avérés , c'en serait assez pour faire
connaître le pouvoir que le P. Maunoir avait
auprès de Dieu. On a canonisé des saints qui
n'en avaient fait que très-peu , et cependant
l'Église a fait rendre à leurs vertus la gloire
qu'elles méritaient et nous oblige de reconnaître leur sainteté.

Comme le P. Maunoir a soulagé plusieurs
personnes pendant sa vie et après sa mort ,

je ne crois pas que celles que je cite trouvent
mauvais que le public sache les grâces qu'elles
ont reçues par ses prières ; elles ont été les
premières à en témoigner leur reconnaissance
et à déclarer ces sortes de faveurs. D'ailleurs,
comme l'attestation des personnes distinguées
par leur qualité et leur mérite personnel, contribue plus à la gloire des serviteurs de Dieu,
que la déposition juridique même des gens
du peuple , il ne faut pas s'étonner de voir
cet ouvrage autorisé par le témoignage de
plusieurs prêtres , religieux , religieuses ,
personnes de qualité et d'une grande distinction dans le monde , qui n'ont aucun intérêt
à publier de faux miracles et que l'on doit
croire sur leur parole.

Monsieur le comte de Kerlouët , dont le
château joint le bourg de Plevin, était depuis
plusieurs jours arrêté au lit par une goutte
violente , dans le temps que le Père mourut ;
il lui sembla voir par trois fois comme une
ombre passer aux pieds de son lit ; les cloches
qu'il entendit bientôt sonner , lui firent connaître que le P. Maunoir, à sa mort, était venu
prendre congé de lui : le malade se recommanda à son ancien ami : dès que l'on eut
ouvert le corps du défunt pour en tirer le
cœur , on porta à Mᵐᵉ de Kerlouët un linge

trempé dans le sang du Père , elle en frotta
les pieds du malade , qui se sentant guéri
dans le moment , se leva et alla à pied au
bourg. M. Callier , grand-vicaire de Monseigneur de Quimper, prit sa déposition ; ses do-
mestiques assuraient que la veille il était fort
malade , on le voyait en bonne santé , et l'on
ne doutait point qu'une si prompte guérison
ne fût miraculeuse.

Le R. P. Claude de Saint-François , religieux carme , qui avait trop aisément ajouté
foi à ces sortes de calomnies , en passant
à Plevin , alla loger chez Monsieur du Kerlouët,
gouverneur de Carhaix ; il y fut reçu avec
honneur , comme son mérite le demandait :
mais Dieu qui voulait épurer sa vertu , l'o-
bligea d'avouer qu'il avait eu tort d'ajouter
foi aux calomnies. La nuit il lui vint une
goutte-crampe très-violente , qui fut suivie
d'une goutte sciatique si extraordinaire , que
les douleurs en étaient insupportables , et que
son pied gauche s'enfla excessivement ; le
mal dura pendant le reste de la nuit ; le
lendemain, il ne put se lever qu'à l'appui des
valets , autant de temps qu'il en fallut pour
faire son lit , et ses douleurs continuèrent
avec la même force ; ce fut alors qu'il eut
recours au P. Maunoir ; on lui donna un

morceau d'une chemise; qui lui avait servi, il l'appliqua aux endroits où il souffrait le plus., et tout incontinent il fut délivré de toutes ses douleurs ; il lui resta seulement un peu d'enflure au pied , comme pour l'obliger de se souvenir de son libérateur ; il passa le reste du jour fort bien et sans souffrir ; la nuit suivante , il fut quelques heures sans dormir , et il s'arrêta encore à raisonner mal à propos sur ce qu'il avait ouï du P. Maunoir , et il blâma intérieurement la conduite qu'il avait tenue pour découvrir certains crimes cachés que les pénitents n'osaient déclarer ; sur ces pensées , il s'endormit , mais son sommeil fut bientôt interrompu par les mêmes maux dont Dieu l'avait délivré par l'intercession du P. Maunoir ; la goutte-crampe très-violente qui lui survint fut aussitôt suivie d'une goutte sciatique plus forte que la précédente ; son genou s'enfla excessivement , et il souffrit de très-grandes douleurs le reste de la nuit et tout le jour suivant, jusque là qu'il ne pensa plus qu'à se préparer à la mort : il se confessa comme pour mourir ; et ensuite, ayant fait réflexion sur les calomnies qu'il avait crues trop-légèrement , il se condamna lui-même , et il demanda pardon à Dieu de ses jugements téméraires ; aussitôt le Seigneur lui fit miséricorde, il sommeilla un peu, et il s'imagina pendant son sommeil qu'on lui disait d'aller au tombeau du Père missionnaire qui l'avait guéri la première fois; il suivit cette inspiration salutaire, il alla en carosse à l'église paroissiale, où est le tombeau du Père, quoiqu'il souffrît encore de la douleur; il dit la messe à l'appui de deux valets de Monsieur de Kerlouët; après avoir fini sa messe et son action de grâce, il ne sentit plus aucun mal, il retourna chez Monsieur de Kerlouët, marcha sans bâton, dormit tranquillement la nuit suivante, et, le lendemain, en passant par le bourg de Plevin pour continuer son voyage, il fit la présente déclaration fort ample et la signa plein de reconnaissance et d'estime pour le P. Maunoir, le 27 Avril 1684. Je renvoie les incrédules de notre temps consulter ce religieux.

ARTICLE XII.

Aliénés rendus à la raison.

PLUSIEURS personnes qui avaient eu le malheur de devenir folles et de rester longtemps dans cet état, sont revenues à leur bon sens dès qu'on les a vouées au P. Maunoir; on en

a fait des informations juridiques , je pourrais expliquer ces guérisons plus amplement,
mais pour abréger je me contenterai d'en dire
un mot en passant, et d'en rapporter les noms.

Anne Cloarec , de Guiclan , était devenue
folle le jour de ses noces , elle resta huit mois
dans cet état : elle fut vouée au P. Maunoir,
aussitôt elle recouvra la raison , et alla à Plevin en témoigner sa reconnaissance le 25 de
Mai 1687.

Marguerite Goaflen , de Gourin , avait été
huit ans folle et furieuse; dès qu'elle fut vouée
au P. Maunoir , elle fut guérie ; elle était de
très-bon sens, quand elle alla à Plevin faire sa
déclaration le 19 Mai 1689.

Marguerite Balut , femme de Jean Cadiou,
de Roscanvel , avait été folle pendant quatre
mois ; elle fut vouée au P. Maunoir , incontinent elle revint à son bon sens : sa déclaration bien garantie est du 30 Mai 1705.

La Mère Renée-Anne de Saint-Paul , religieuse ursuline de Quimper , après une grande maladie , devint folle, et resta ainsi pendant quatre ans ; les religieuses , craignant
qu'elle ne mourût sans sacrements , envoyèrent une femme faire une neuvaine au cœur
du P. Maunoir dans l'église des Pères Jésuites : et aussitôt le bon sens lui revint pour

le reste de sa vie ; elle reçut les sacrements avec de grands sentiments de dévotion. Les religieuses, leur confesseur et leur apothicaire ont signé cette déclaration le 8 Août 1683.

J'ai entendu plus d'une fois Monsieur Canant, recteur de Plevin, chez qui il est mort, raconter ce qui lui est arrivé à la mission de Plounevezel. Une fille, devenue folle il y avait longtemps, ne pouvant venir profiter de la mission, et le P. Maunoir n'ayant pas le loisir d'aller chez elle, donna sa clochette à Mon sieur Canant, et lui dit d'aller guérir cette fille ; il y alla, il donna sa cloche à baiser à cette malade, après la lui avoir sonnée à l'oreille ; aussitôt la folie cessa, et elle vint profiter du bien de la mission pour le salut de son âme.

ARTICLE XIII

Des incendies arrêtés.

Le 24 de Juin 1684, Nicolas Clegueret et François Le Gall, de Quimperven, vinrent accomplir leur vœu à Plevin, pour remercier le P. Maunoir d'avoir arrêté le feu qui était sur le point de brûler la maison de François Le Mindu : il avait déjà embrasé celle de Jeanne Le Beuvant, et il se portait vers celle

de François Le Mindu qui se jeta à genoux
pour prier le P. Maunoir d'arrêter ce malheur ; dans l'instant , sans que le vent tour-
nât , l'on vit les flammes et les charbons re-
brousser , et la maison vouée , quoique couverte de paille , ne fut pas endommagée.

Le 19 juillet 1684 , Catherine Bourlicot et
Constance Le Deuf firent à Plevin la déposition suivante : Pendant la chaleur de l'été,
le feu prit, par la faute de quelqu'un , à la
bruyère et à la lande qui était fort haute,
dans une issue auprès du bourg de Plougastel
Saint-Germain ; le vent poussait les flammes
vers une maison couverte de paille , qui était
auprès du presbytère ; on sonna les cloches
pour appeler du monde , parce qu'on ne
pouvait arrêter le feu ; le presbytère et même
l'église étaient en danger d'être brûlés ; Madame Lesivily , mère de Monsieur le recteur, se
jeta à genou, et à son exemple, plusieurs autres firent la même chose ; elle implora le
secours du P. Maunoir , et à l'instant le vent
tourna , le feu s'arrêta tout court , et
s'éteignit , comme si on y avait jeté de l'eau.

Monsieur et Madame de Kerprigent , Charles de L'Estang et Marie-Corentine de Kermorvan demeuraient à Plougoulm en Léon,
lorsque le feu prit à un mulon de paille et à un
mulon

mulon de foin , à une salle au bout de la cuisine et en même temps à une chambre couverte de genêts dans l'autre bout de la maison ; l'office , la cuisine et le reste de la maison ne brûlaient pas encore , mais ne pouvaient éviter d'être brûlés , parce que la violence de la flamme était grande. Dans ce danger évident , Madame de Kerprigent se jeta à genoux , pour implorer le secours du P. Maunoir ; dans l'instant le feu s'abaissa et l'incendie cessa entièrement. Ils ont signé cette déclaration à Plevin , le onze Octobre 1685.

ARTICLE XIV.

De quelques miracles dont Nosseigneurs les Evêques de S.-Brieuc et de Quimper ont fait de nouvelles informations.

COMME l'on demande à Rome plusieurs formalités pour la vérification des miracles et que l'on y est extrêmement exact à ces sortes de formalités, pour n'être point trompé dans le choix que l'on fait de ces miracles qui doivent servir à la canonisation des saints, j'ai obtenu de Rome une procuration générale pour faire informer des miracles du P. Mau-

noir, et je priai l'an passé Monseigneur
Frétat de Boissieu, évêque de Saint-Brieuc,
chez qui je me trouvai, de faire l'information juridique de trois miracles arrivés dans
sa ville : j'en aurais trouvé plusieurs autres
dans son diocèse ; mais, pour épargner les
frais, nous nous sommes contentés des trois
qui suivent. Après avoir fait signifier les témoins, Monseigneur, en présence de ses officiers, a reçu leurs serments et leurs dépositions,
les a examinés, leur a fait signer leur témoignage, en a gardé l'original dans ses archives et a envoyé une copie bien collationnée à
Rome. Il n'y a rien de plus avéré que ces trois
miracles, que les plus incrédules n'oseraient
révoquer en doute, s'ils avaient vu les précautions que l'on a prises pour en découvrir
la vérité. En voici le précis.

Jean Guilloüet, Seigneur de la Harmoye,
âgé de onze ans, de la ville de Saint-Brieuc,
avait, dès sa naissance, les jambes toutes sèches,
contrefaites et disloquées depuis les genoux ;
il n'avait jamais pu se tenir debout, et, sans
un miracle évident, il n'eût point pu faire un
pas : Madame du Bignon, Hélène Blohio sa
mère, l'an 1687, le fit porter au tombeau du
P. Maunoir ; un homme à cheval le tenait
devant lui entre ses bras ; sa mère l'y accom-

pagna , et invoqua avec confiance le P. Maunoir qu'elle avait autrefois connu et logé chez elle ; elle fut exaucée bien promptement. Quand, à son retour, elle fut arrivée à Rostrenen , petite ville à deux lieues de Plevin, elle s'y arrêta pour dîner, et fit descendre de cheval son fils et le mettre sur une boutique ; il commença aussitôt à marcher , au grand étonnement de sa mère et de tout le monde ; et depuis ce temps-là , il eut l'usage libre des jambes et se porta fort bien. Ce miracle évident fit du bruit à Saint-Brieuc, où cet enfant était distingué et connu : quatre ans après cette parfaite guérison, il retourna à Plevin avec sa mère , et ils y firent leur déclaration , le 4 Juin 1691. Après son mariage , il y retourna encore avec Mme de La Harmoye , sa femme , et il lui montra, en passant à Rostrenen , la boutique où il avait commencé à marcher. Sa mère , sa femme qui vivent encore , et plusieurs autres témoins ont confirmé ce miracle par serment en présence de Monseigneur l'évêque de Saint-Brieuc.

Marie Gaultier était déjà fort âgée, quand elle recouvra l'ouïe ; il y avait longtemps qu'elle était devenue extrêmement sourde ; à peine entendait-elle ceux qui criaient à

pleine tête près de son oreille, et il n'y avait
nulle apparence qu'elle dût jamais guérir :
le bruit des miracles du P. Maunoir lui fit
cependant espérer du soulagement : elle se
recommanda à lui , et elle commença une
neuvaine de prières à Dieu , pour demander
sa guérison par l'intercession de son serviteur
le P. Maunoir : le neuvième jour, elle recouvra si parfaitement l'ouïe qu'elle entendait
ceux même qui parlaient fort bas ; quand quelqu'un lui parlait haut, ne criez pas, disait-elle,
j'ai l'ouïe fort bonne ; sa sœur, Alienor Gaultier l'accompagna au sermon , qu'elle entendit de fort loin , et jusqu'à la mort, qui arriva plusieurs années après, elle eut l'ouïe très-
bonne ; sa sœur , qui vit encore, et plusieurs
autres témoins confirment cette guérison miraculeuse.

Françoise Gaultier , âgée de 60 ans , avait
des taies sur les yeux , et ne voyait que con-
fusément les objets : elle eut recours à la
femme d'un opérateur , qui lui promit de la
guérir , et qui la rendit tout à fait aveugle :
car essayant d'ôter les taies avec la pointe
d'une aiguille , elle perça la prunelle de l'œil,
et lui ôta toute espérance de guérison. Cette pauvre femme qui avait été fournière et
boulangère , resta trois ans aveugle , jusqu'à

ce qu'enfin deux femmes de ses voisines eurent la charité de la mener à Plevin, ce fut là qu'elle recouvra la vue au tombeau du P. Maunoir ; à son retour à Saint-Brieuc elle reprit son emploi de boulangère, et l'exerça pendant quatre ou cinq ans, jusqu'à la mort. Plusieurs témoins qui l'ont connue, avant et après sa guérison, ont attesté ce fait avec serment en présence de Monseigneur l'évêque de Saint-Brieuc. Il n'y a rien de si juridique que l'information de ces trois miracles et des deux suivants.

Monseigneur de Plœuc, évêque de Quimper, dans le diocèse duquel est enterré le P. Maunoir, a examiné les informations faites par des commissaires députés par son prédécesseur, et a bien voulu se donner les soins nécessaires pour vérifier les deux miracles que je vais rapporter :

Monseigneur l'évêque avec ses officiers s'étant transporté au prieuré de Locmaria, dans l'église à la grille des religieuses, qui avaient par écrit la permission de leur prieur de témoigner la vérité avec serment, y a observé toutes les formalités nécessaires, et a fait l'information du miracle qui suit.

Sœur Catherine Haoüel, religieuse bénédictine de Locmaria, était devenue si para-

lytique qu'elle ne pouvait ni se lever ni s'aider
en aucune manière : elle sentait même des
douleurs si vives et si aiguës, que l'on avait
sujet de craindre que la patience ne lui échap-
pât ; tous les remèdes que l'on y employait
ne faisaient qu'aigrir le mal, et elle avait
cessé d'en prendre : dans sa désolation, elle
eut recours au P. Maunoir ; le Père Jacques-
son, jésuite, lui envoya la signature d'une
lettre du P. Maunoir ; elle l'appliqua d'abord
aux endroits où elle souffrait le plus, et,
voyant que le mal cessait dans ces endroits dès
que la signature y touchait, elle continua de
toucher tous ses membres paralytiques, et,
pour me servir de ses termes, le mal s'en-
fuyait à l'approche du nom du serviteur de
Dieu : elle, qui depuis longtemps ne pouvait
se remuer, se leva ce jour-là, s'habilla et
descendit le lendemain au chœur, pour y remercier Dieu : elle se portait encore bien, l'an
passé, quand elle fut interrogée sur ce fait arrivé trente-un ans auparavant. Les dames religieuses furent surprises de cette guérison
et du pouvoir qu'avait le seul nom du P.
Maunoir pour rendre la santé aux malades.
Elles virent avec admiration leur sœur se lever elle-même, s'habiller et s'approcher du
feu, le même jour qu'elles l'avaient vue aban-

donnée des médecins , et peu après elles signèrent la vérité de ce miracle : celles qui
vivent encore , au nombre de cinq, ont réitéré
leur déposition avec serment en la présence
de Monseigneur l'évêque de Quimper.

La résurrection des morts est , dit-on , un
des miracles du premier ordre , et nous avons
vu que le P. Maunoir en a ressuscité plusieurs. Je n'ai point pu faire renouveler toutes les informations qui en ont été faites juridiquement ; en voici cependant une re-
nouvelée et faite avec toutes les formalités
requises par Monseigneur l'évêque de Quimper , au mois d'Août 1714 , la même année
que les quatre autres informations dont je
viens de parler , ont été faites.

Jeanne Le Bucquen , âgée de quatre ans,
fille de Michel Le Bucquen et de Marie Le
Roy , de Kerfeunteun auprès de Quimper ,
mourut après quelque temps de maladie et
resta morte dix ou douze heures ; on ne
pensait plus qu'à l'enterrer ; Charles Trichard,
l'un des voisins, dit à la mère qu'il était temps
d'ensevelir sa fille : mais la douleur fit venir à la mère la pensée de la vouer au P.
Maunoir , et elle se souvint qu'elle avait un
morceau de la soutane du serviteur de Dieu ;
elle l'appliqua à la défunte , et dans l'instant

elle ressuscita et commença à parler : elle
qui avait langui quelques jours avant sa mort,
se leva un quart d'heure après sa résurrection , demanda de la soupe et se porta bien ;
elle a été mariée dans la suite des temps : je
lui ai parlé depuis qu'elle est grande , son
père et sa mère ont déposé avec serment la
vérité de ce fait, en présence de Monseigneur et
de ses officiers. Si quelqu'un, après trente ans,
veut dire que cette fille n'était point morte,
je puis lui répliquer qu'il a tort de se croire
plus clairvoyant que le père , la mère et les
voisins qui ont examiné le fait.

L'information juridique de la résurrection
suivante a été faite par ordre de Monseigneur
l'évêque de Tréguier , Monseigneur le sénéchal de Carcado , par Monsieur Thomas ,
vice-gérant de l'officialité de Tréguier , ba-
chelier en théologie et recteur de Plouaret,
où le miracle est arrivé ; il avait pour adjoint monsieur Thos , à présent recteur de
Pomelvé : ils ont interrogé le père et la mère,
et quatre autres témoins , qui ont juré dire
la vérité , et qui ont signé leur déposition
le 6 Août 1695.

Pierre Person , âgé d'environ cinq ans ;
fut pendant trois semaines fort malade au
lit : après avoir ainsi langui , le 25 Mai 1687;

un jour de dimanche , vers le temps de la
grand'messe , tous ceux qui l'assistaient le
virent expirer : son père ayant tardé d'arriver , on jugea à propos d'ensevelir l'enfant ;
le père au retour, entendant dire que son fils
était mort , monta dans la chambre où il était
enseveli ; il le regarda de près , il le toucha,
il le trouva froid , et ne douta pas qu'il ne
fût mort : quand il fut descendu de la chambre , il lui vint une inspiration de le vouer
au P. Maunoir , ce qu'il fit aussitôt , et il
mit à part quinze sols , pour envoyer à Plevin : ensuite , plein de confiance , il monta
dans la même chambre ; dès qu'il parut ,
l'enfant lui demanda une pomme à manger :
son père lui en donna une qu'il mangea ; il
se porta bien dès lors , et en peu de jours il
reprit ses forces. Six personnes avaient vu
l'enfant mort.

Près de trois cents miracles bien vérifiés
que j'ai rapportés , doivent convaincre tout
le monde du pouvoir qu'a auprès de Dieu ce
fervent missionnaire , qui a employé toute sa
vie à procurer la gloire du Seigneur et le salut des âmes , et dont Dieu s'est servi pour
soulager les affligés et répandre en abondance
ses faveurs dans toute la Bretagne. Si , pour
abréger , j'ai omis plusieurs autres mira-

cles et plusieurs circonstances de ceux que
j'ai rapportés , les faits n'en sont pas moins
sûrs ; il est constant que les informations ont
été juridiques. L'on aurait pu faire d'autres
informations de plusieurs miracles plus récents;
mais ceci suffit.

FIN.

NOTES

SUR DIVERS PERSONNAGES

Dont il est parlé dans la Vie du P. Maunoir.

———•———

Sur les Missionnaires, ses coopérateurs.

(1) M. LE NOBLETZ.

M. Le Nobletz naquit au château de Kerodern, à Plouguerneau, en Léon, le 29 Septembre 1577 et reçut le nom de l'Archange dont la fête se célèbre ce même jour. Son enfance ne fut point exempte des épreuves pénibles réservées par la Providence à toutes les époques de sa vie. Il alla faire ses études à Bordeaux avec ses frères, et s'y trouva exposé à tous les périls d'une jeunesse sans expérience et sans guide. Ses vertueuses inclinations le firent cependant triompher de ces dangers, et lui inspirèrent de quitter Bordeaux pour aller suivre les cours du collège des Jésuites, à Agen, avec ses frères et quelques amis. Là, ses progrès dans la vertu furent égaux à ses progrès dans les sciences. Avant de recevoir le sacerdoce, il voulut entendre à Paris les plus savants professeurs de la Sorbonne. Il s'adonna aussi à l'étude de l'hébreu, pour entendre plus parfaitement les saintes Écritures qu'il savait déjà par cœur, en grec et en latin. Ce fut le célèbre P. Cotton qui, admirant les trésors de grâce et de science renfermés dans l'âme de ce jeune homme, lui persuada d'accepter la dignité du caractère sacerdotal, malgré son humble résistance.

D'abord, Michel Le Nobletz, renonçant à toutes les espérances du monde, revint en Bretagne, vêtu comme le prêtre le plus pauvre. Il y vécut de pain d'orge et de poisson grillé, ce qu'il appelait un *repas évangélique*, parce que notre Seigneur en avait préparé un semblable à ses disciples, sur le bord de la mer de Tibériade. Mais, si ce sacrifice dut coûter à un homme délicatement élevé, il fut sans doute bien au-dessous de celui qu'il offrit à Dieu, en se condamnant, après de si fortes études et avec des talents supérieurs, à ne plus fréquenter que des gens ignorants et grossiers, pour leur apprendre les voies du salut, par les discours les plus simples. Chassé alors ignominieusement de la maison paternelle, M. Le Nobletz trouva partout l'humiliation et la croix, à ce degré qui fait les saints; la calomnie, les injures, les violences, les mauvais traitements, l'interdit même et jusqu'à l'expulsion du diocèse de Quimper, par l'autorité ecclésiastique, telle fut la nourriture amère et substantielle qui rassasia son ardent amour pour la croix. Il est vrai que des délices ineffables le dédommageaient amplement de ses souffrances. Son âme généreuse n'aspirait qu'à deux choses sur la terre : elle demandait la gloire pour Dieu, le mépris pour soi-même, et, pendant 40 ans, il marcha dans ce sentier de l'abnégation. Les dix dernières années de sa vie furent consolées par les succès apostoliques du P. Maunoir, son fils spirituel et son successeur. Il lui légua, avec l'héritage de son zèle, ses tableaux énigmatiques pour l'instruction du peuple, sa petite cloche pour appeler les enfants au catéchisme, son bâton d'apôtre et les traditions de son expérience. Aussi grand dans l'estime des Bretons qu'il avait été humilié, M. Le Nobletz mourut en odeur de sainteté, au Conquet, à l'âge de 75 ans, en 1652.

(2) LE P. BERNARD.

Le P. Pierre Bernard de Bouchers naquit à Rennes, le 31 Mars 1685. M. de Bouchers, son père, était substitut du procureur général et contribua beaucoup à l'établissement du collége des Jésuites dans cette ville. Il avait apprécié l'éducation donnée dans les maisons de cette société tant calomniée, jusqu'à envoyer à Douay ses cinq fils, qui profitèrent si bien des leçons de piété qu'ils y reçurent, que quatre se firent religieux. Un seul resta dans le monde pour y perpétuer une famille où les traditions de la vertu et la charité envers les pauvres étaient héréditaires.

Au terme de ses études, le P. Bernard entra au noviciat des Jésuites, à Tournay; puis, il revint en France et commença, très-jeune encore, à exercer son zèle pour le salut des âmes, par des catéchismes et des exhortations fort fructueuses, à Nevers et à Moulins. Dieu lui fit voir intérieurement une ville et un grand pays où l'attendait une moisson abondante; et, envoyé, quelque temps après, à Quimper, il reconnut la ville et la contrée représentée dans sa vision. Il salua les anges protecteurs de ces lieux et ne tarda pas à s'apercevoir du grand besoin que le peuple y avait d'être instruit dans la foi. Sa douceur,

un grand esprit intérieur, la grâce du discernement
des esprits, une assiduité infatigable au confessionnal et une élocution facile, le rendaient un missionnaire excellent. Mais, ne sachant pas assez le Breton
pour pouvoir prêcher dans les campagnes, il ne cessait de demander à Dieu d'envoyer un apôtre à ce
peuple abandonné. Ses prières, jointes à celles de
M. Le Nobletz, obtinrent du ciel le P. Maunoir,
qu'il accompagna, pendant 14 ans, dans les lieux
les moins accessibles de ce vaste diocèse. Le P. Bernard ne commença qu'à l'âge de 54 ans les missions
pénibles de la Bretagne, et il les continua avec le
même zèle jusqu'à sa mort. Sa foi vive obtint de
Dieu un grand nombre de guérisons qui furent ju-
gées miraculeuses. On disait même que, dans les
missions, le P. Maunoir faisait les conversions et le
P. Bernard les miracles : ce qui semblait vrai, c'est
qu'ils en faisaient l'un et l'autre, et chacun d'eux
les attribuait à son vertueux coopérateur. La ville de
Quimper conserva longtemps le souvenir de l'un de
ces prodiges, arrivés pendant que la peste ravageait
son enceinte. Un tiers de la population avait déjà suc-
combé, quand un jour le P. Bernard, voyant passer
de nouveaux malades que l'on portait à l'hôpital,
s'écria en se prosternant devant le crucifix : « Mon
» Seigneur et mon Dieu, n'avez-vous pas quelque
» serviteur fidèle à qui vous daigniez révéler auquel
» d'entre les saints il faudrait vouer, pour le conserver,
» le reste de ce pauvre peuple ? » Alors il entendit une
voix prononçant ces paroles : « C'est à saint Corentin
» qu'on doit avoir recours. » Il sortit, et, trouvant
M. Kerguelen (official) à la porte du Collége, il lui
dit avec assurance que, si l'on faisait un vœu à saint

Corentin, le fléau cesserait. L'official fit partager
cette conviction aux autorités de la ville : une procession solennelle eut lieu, et on y porta le bras de
saint Corentin. Dès ce moment, la peste cessa ses
ravages, et pas une maison ne fut envahie depuis ce
vœu. Ce fait est attesté par le P. Boschet, par le
chanoine Moreau, par le *Cantique populaire* de M.
Le Nobletz, etc.

Le P. Bernard, âgé de 71 ans, arrivait d'une mission et en projetait une nouvelle, quand il s'endormit
dans la paix des saints, en obtenant les cinq grâces
qu'il demandait chaque jour au ciel ; à savoir : de
ne cesser ses missions qu'avec sa vie ; d'agoniser un
vendredi, en union avec les souffrances de J.-C. ;
de n'être pas longtemps malade, pour ne pas in-
commoder ses frères ; de mourir le samedi, pour
obtenir plus promptement le secours efficace de la
sainte Vierge dans l'expiation de l'autre vie ; enfin,
de payer la dette de ses péchés en ce monde. On
peut croire qu'il fut exaucé sur ce dernier point,
l'ayant été parfaitement sur tous les autres. Il expira
le samedi 26 Novembre 1654.

Le P. Bernard était vénéré à Quimper comme
un saint, quand le P. Boschet écrivit son ouvrage,
et 40 ans n'y avaient point atténué le souvenir de ses
vertus.

(3) M. LE GALERNE.

M. Le Galerne fut le premier ecclésiastique sécu-
lier qui se dévoua, sous la conduite du P. Maunoir
au travail des missions. Aussi, le P. Maunoir le
nommait-il *son fils aîné*. Il était recteur de Mûr, et
devint plus tard promoteur de l'évêque de Quimper ;
mais il se démit de cette charge pour suivre plus li-

brement l'attrait qui l'appelait aux missions auxquelles il se donna tout entier, en 1650, avec les six prêtres de sa paroisse. Lorsqu'après avoir reçu la permission de leur évêque, ils vinrent prier le P. Maunoir de les recevoir pour ses fidèles compagnons dans le ministère évangélique, le saint missionnaire les embrassa tendrement et leur dit, en les recevant comme un présent du ciel : « Vous donnez un exem-
» ple qui va sauver la Bretagne : nous n'avons
» qu'une même fin, qui est la gloire de Dieu et le
» salut des âmes ; nous n'avons qu'un même maître
» et nous n'aurons plus qu'un même esprit et qu'un
» même cœur. »

M. Le Galerne mourut vers 1676, ainsi que MM. Le Jay, recteur de Rédéné, et De Lestour, recteur de Condon, tous deux aussi missionnaires et amis particuliers du P. Maunoir. « Il écrivit de ces trois
» hommes apostoliques des choses si surprenantes, dit
» le P. Boschet, qu'on aurait peine à les croire :
» ce qu'il en rapporte montre que c'étaient des hom-
» mes d'une contemplation très-sublime, d'une ac-
» tion continuelle, toujours occupés de l'exercice
» du plus pur amour et de la plus ardente charité :
» ayant tous trois un rare talent pour gagner des
» âmes à Dieu, en chaire, au confessionnal et dans
» l'entretien ; ils furent extrêmement regrettés dans
» tous les lieux où ils avaient travaillé, c'est-à-dire,
» dans les cinq ou six évêchés de la Bretagne. »

(4) MM. DE TRÉMARIA ET DE KÉRISAC.

Nicolas de Saludem, seigneur de Trémaria, avait donné au monde la première partie de sa vie, sans que rien annonce qu'il ait partagé le déréglements

de conduite d'un trop grand nombre de ses contem-
porains. Il avait été conseiller au parlement de Bretagne, et il restait veuf avec une fille unique. Mme
de Kerasan, sa mère, désirait cependant voir tout
entière à Dieu cette âme forte et généreuse. Le P.
Maunoir joignit ses prières à celles de cette bonne
mère, et il venait souvent auprès de M. de Trémaria, pour le préparer au dessein que Dieu avait
sur lui. Le moment de la grâce arriva en 1655, et la
lutte ne fut pas longue. Comme il n'y avait point
encore de séminaire en Bretagne, l'ancien conseiller
partit pour Paris, et apprit, au Séminaire des missions étrangères, sous la direction du vénérable
P. Bagot, la science de la théologie et celle des
saints. Il existe encore une lettre autographe précieuse dans laquelle le P. Maunoir lui donne les
plus sages avis, tout en l'abandonnant aux impres-
sions de l'Esprit Saint : nous l'avons reproduite à la
fin de ce volume.

Consacrer sa fortune et sa personne au soulagement des pauvres, dans un petit hôpital délaissé, fut
le premier mouvement de M. de Trémaria. Le P.
Maunoir lui démontra que la chose n'était pas possible
de la manière qu'il la projetait ; et, alors seulement,
il découvrit à ses yeux un but plus élevé dans le dé-
vouement de sa vie au soulagement des misères morales de son pays. M. de Trémaria comprit facilement
le mérite d'une pareille œuvre, et commença, en
1656, dans ses propres domaines, l'existence si la-
borieuse et si utile qu'il continua, pendant 18 ans,
avec le P. Maunoir, dans toute la Basse-Bretagne.
A Rennes, son exemple remplit d'édification la société où il avait brillé quelques années auparavant

d'un tout autre éclat. Sur la fin de sa vie, son principal emploi dans les missions était de diriger la retraite et d'enseigner aux fidèles à faire oraison sur
la passion du Sauveur. C'était l'attrait particulier
de son âme depuis sa conversion, et sa parole,
pleine de cette vie que donne un grand amour,
produisait des fruits admirables dans cet exercice
qui lui coûta la vie, à la mission de Guingamp, où
il se brisa un vaisseau dans la poitrine.

En 1665, M. de Trémaria choisit pour son gendre Jean-Baptiste Hingant de Kérisac, né à Kerduel, en Pleumeur-Bodou, évêché de Tréguier, le
12 Octobre 1642. Dès ce moment commença entre
ces deux belles âmes l'union sainte dont leur vie ne
cessa d'offrir les preuves les plus touchantes. C'était
à Kerduel, principale terre de son gendre, que M.
de Trémaria se reposait de ses travaux apostoliques
par d'autres bonnes œuvres, et c'est là qu'il vint
mourir entre les bras du P. Maunoir, le 20 Juin
1674. Sa fille et son gendre puisèrent dans la dernière bénédiction de leur vénérable père, et dans
les hautes vertus dont sa mort leur donna l'exemple, de nouvelles grâces pour servir Dieu plus fidèlement encore. Mme de Kérisac lui survécut à peine
un an, et voulut reposer près de lui, dans la chapelle de Jésus crucifié, aux Hospitalières de Lannion, maison religieuse dont la fondation était due
surtout à son père et à son mari. M. de Kérisac se jeta
entre les bras de Dieu pour soutenir des coups aussi
douloureux. Une nièce qu'il avait adoptée comme
sa fille, pouvait seule le retenir dans le monde, jusqu'à ce qu'il parvînt à son établissement ; mais,
Dieu voulant être l'unique partage de cette famille

entière, Elisabeth Hingant se trouva, près du lit de
mort de sa tante, désabusée du monde et de toutes
les illusions de sa jeune et brillante existence. Elle
déclara bientôt à son oncle son désir de se faire
religieuse, et entra chez les Hospitalières de Lannion
en même temps que M. de Kérisac entrait au Séminaire de Tréguier, en 1675. Tous deux reçurent sans
délai la récompense de leur généreux sacrifice ; car
Elisabeth-de-Jésus-Crucifié (c'était le nom dont elle
fut appelée en religion) mourut jeune encore en
odeur de sainteté ; M. de Kérisac remplaça son beau-
père dans la sainte troupe des compagnons du P.
Maunoir, et sa douce éloquence, son caractère égal,
sa vertu exemplaire rendirent son ministère très-
fructueux ; mais, dès le mois de Novembre 1678, en
faisant le discours d'ouverture de la mission de
Pontrieux, il fut atteint d'une fluxion de poitrine et
mourut, comme M. de Trémaria, victime de son
zèle.

M. DE KERDU.

Au souvenir des vies si semblables de MM. de
Trémaria et de Kérisac, se mêle la mémoire de leur
plus près voisin et intime ami, M. Maurice Le Gall
de Kerdu, docteur en théologie et recteur de Servel,
dans le diocèse de Tréguier.

Maurice Le Gall naquit probablement au manoir
de Kerdu, en Ploumilliau, diocèse de Tréguier. Il
finit ses études à Paris. Sa piété le conduisit à Rome,
vers la fin du Pontificat d'Alexandre VII, qui ac-
cueillit avec bienveillance, par les mains du cardi-
nal Bona, les pieuses images qu'avait composées
M. de Kerdu, sur le modèle de celles de M. Le
Nobletz, pour enseigner à méditer la passion de N. S.

J.-C. Ces images, honorées de l'estime qu'en faisait
le vénérable pontife mourant, furent publiées à Rome, avec un texte italien, sous le titre d'*Oratoire
du Cœur* ou *Méthode facile pour enseigner l'Oraison
mentale*. Clément IX les approuva de nouveau. De
retour en France, M. de Kerdu fit traduire son petit
volume, et en dédia la première édition française à
Mgr Grangier, en 1670. Un pieux cantique breton
fort connu et attribué à M. de Kerdu, renferme un
abrégé succinct de son ouvrage.

Il est impossible de douter que ces *images morales*
ne fussent employées par M. de Trémaria et par
M. de Kerdu lui-même dans les missions du P.
Maunoir, dont il était un zélé collaborateur. Le
saint recteur de Servel voulait avant tout graver
Jésus crucifié dans les cœurs de ses paroissiens :
pénétré des grâces qu'il avait reçues en suivant
les stations de la passion, établies dans le Coli-
sée, à Rome, il construisit dans le cimetière de
son église de petits oratoires où sont représentées les
principales circonstances de la passion. Le sépulcre
est renfermé dans une chapelle dite des Cinq-Plaies,
dont les vitraux coloriés reproduisent les images de
l'*Oratoire du Cœur*. Trois de ces vitraux subsistent
encore, ainsi que la chapelle servant de reliquaire.
Les grottes des stations sont toujours fréquentées
par la piété des fidèles, surtout pendant la semaine
sainte. C'est à la porte de la chapelle des Cinq-Plaies
qu'est enterré le *saint recteur*, ainsi qu'on le nomme
à Servel. Sa modeste tombe n'a d'autre épitaphe que
la représentation des cinq plaies de notre Seigneur,
entourées d'une couronne d'épines ; touchant emblè-
me du caractère distinctif de sa piété pour Jésus

crucifié. On visite sa tombe avec dévotion ; les mères y *roulent* leurs enfants pour leur obtenir une plus grande force.

M. Le Gall de Kerdu gouverna sa paroisse près de trente ans, et il y forma une pieuse génération digne d'un si bon guide dans les voies de Dieu. Une fille très-pieuse, nommée Marie Guyon, partagea avec lui la vénération des habitants de Servel. Elle était sa servante et sa fidèle disciple dans l'*Oraison cordiale envers Jésus crucifié*. On ne retrouve plus sa vie qui fut écrite dans le temps. Elle mourut en Avril 1687. M. de Kerdu la fit enterrer dans la chapelle des Cinq-Plaies, où un tableau la représentait recevant avec amour le sang de Jésus-Christ attaché à la croix. M. de Kerdu mourut, en 1694, après avoir enrichi un grand nombre d'églises du pays des reliques qu'il avait apportées de Rome, et laissant après lui son excellent livre de l'*Oratoire du Cœur*. Il en parut deux éditions de son vivant, en 1670 et 1676. Ce fut un prélat breton, Mgr de Quélen, qui autorisa, en 1838, la réimpression de ce livre. Son cœur, si pénétré d'amour pour la croix de Jésus-Christ, devait comprendre et aimer l'œuvre de son pieux compatriote. Le P. Loriquet fut l'éditeur de cette nouvelle édition. Une autre édition a paru, en 1844, avec des gravures mieux faites, mais qui laissent regretter le caractère symbolique des anciennes. Sans reproduire les véritables images de M. de Kerdu, si expressives dans leur simplicité, on ne peut atteindre entièrement son but exprimé par le titre même de son livre : *L'Oratoire du Cœur*, ou *Méthode très-facile pour enseigner à toutes sortes de personnes à faire l'oraison avec J.-C., dans le fond du cœur, représentée en 8 figures en taille-douce.*

M. VINCENT LE MEUR.

M. Vincent Le Meur , né à Lannion , en 1668, et connu sous le nom *du prieur de Saint-André*, fut un de ces hommes pieux et savants qui formèrent en Bretagne la génération d'élite du grand siècle. Docteur de Sorbonne , et appelé par son mérite à une place d'honneur à la cour , il renonça à toutes les faveurs du monde et chercha uniquement le royaume de Dieu, en consacrant sa fortune et sa vie au travail pénible des missions , en Bretagne et en France. Sa foi généreuse le poussait à porter le nom de J.-C. sur les terres infidèles des Indes, et il contribua du moins à cette bonne œuvre, en secondant les vues des Pères Rhodes et Bagot dans l'établissement du séminaire des missions étrangères dont il fut supérieur en 1644. A l'expiration de cette charge , il reprit le cours de ses missions. Bientôt il sentit que ses forces étaient épuisées et il alla se préparer à la mort par une retraite de 50 jours chez les Chartreux, d'où il sortit encore plus enflammé de zèle pour le salut des âmes. Dieu couronna ses désirs et ses mérites par une sainte mort, à Vieux-Château, en Brie, le 26 Juin 1669 , lorsqu'il n'avait encore que 40 ans. Son corps fut transporté à Paris , au séminaire des missions étrangères , où il repose encore

M. DE KERLIVIO.

M. Endo de Kerlivio fut d'abord aumônier de l'hôpital de Hennebond, puis vicaire-général des évêques de Vannes , recteur de Plumergat et de Saint-Patern. Ses biens, sa santé, sa vie, rien ne fut épargné dans le généreux sacrifice que M. de Kerlivio fit de lui-même à Dieu dès le moment où il embrassa l'état ecclésiastique. Eprouvé par la croix, comme tous les saints, il fut trouvé fidèle en toutes circonstances. Coopérateur zélé des Pères Rigoleuc, Huby et Maunoir, il secondait, autant que possible, par son autorité, les travaux de leurs missions diverses. Il est impossible d'énumérer toutes les bonnes œuvres dont M. de Kerlivio fut, comme grand vicaire, l'agent, le promoteur et le protecteur. L'établissement de la première maison de retraite dut à sa persévérance de ne pas succomber en naissant. Aussi, est-il regardé comme un des fondateurs de cette œuvre si utile et de la Congrégation qui s'y dévoue en Bretagne. Il organisa l'adoration perpétuelle du saint Sacrement, dans le diocèse de Vannes, de la manière la plus fructueuse et la plus touchante. Par ces saintes entreprises, le P. Huby et M. de Kerlivio devinrent utiles à tout le monde chrétien, puisque notre Bretagne a la gloire d'avoir produit et propagé la première l'institution touchante de l'adoration perpétuelle et celle des retraites publiques, dont les heureux effets sont connus et bénis à présent en tant de lieux divers.

M. de Kerlivio avait un grand talent pour la direction des âmes. Pendant sa dernière maladie, une sainte lutte s'établit entre le P. Huby et lui. Convaincu des biens immenses que faisait M. de Kerlivio, le P. Huby priait sans cesse pour sa conservation, tandis que le pieux malade soupirait ardemment après la récompense de ses travaux ; peu avant sa mort, il connut distinctement que les prières de ses amis prolongeaient son existence ; il accepta courageusement de nouvelles souffrances, s'abandonnant à la miséricorde et à la justice de Dieu, comme une victime de son amour. Touchés de sa résignation , ses pieux amis se soumettent enfin à le laisser aller vers *son Dieu et leur Dieu*. Le P. Huby va dire la messe dans cette intention et son ami expire aussitôt, s'écriant : Dieu soit béni , c'en est fait, je m'en vais ! C'était le 21 Mars 1685 ; il avait 63 ans.

Plusieurs personnes ont attesté avoir éprouvé des effets sensibles de l'intercession de ce saint prêtre , avant et après sa mort.

M. PICOT.

M. Picot, recteur de Plouguernevel, seconda avec un grand zèle les vues du P. Maunoir, pour la conversion de la Haute-Cornouaille, et contribua même au bien de tout le diocèse , par ses pieuses libéralités pour la fondation des deux séminaires de Quimper et de Plouguernevel. M. Picot appartenait à une famille riche et noble ; sa cure rapportait au moins deux mille livres de rente, et cependant il vivait d'une manière très-pauvre ; en sorte que le public , jugeant de ses épargnes par ses revenus , le regardait comme un avare. Pendant l'effervescence populaire de ces cantons , les prétendus trésors de M. Picot excitèrent la convoitise des paysans , et il ne fallut pas moins que la puissante voix du P. Maunoir pour empêcher de voir, dans les exercices de la mission, une nouvelle manière d'imposer le droit de gabelle. Le zélé pasteur ne tarda pas à mettre ses épargnes au jour , en faisant construire la maison et l'église du séminaire de Plouguernevel , où il consacra sa personne et sa fortune à l'éducation des prêtres destinés aux missions de Bretagne. Cet établissement a subsisté jusqu'à la révolution ; et, depuis le démembrement de l'évêché de Cornouaille , il est devenu

l'un

l'un des deux petits séminaires du diocèse de Saint-Brieuc.

Bien que la Bretagne entière conserve au P. Maunoir une pieuse reconnaissance, il est touchant de voir, en suivant sur la carte ses courses apostoliques, que la partie de cette province où il trouva le plus d'obstacles à vaincre, est celle où sa mémoire est restée le plus en vénération. Cette région montagneuse, qui s'étend de Mûr à Carhaix, annonce encore, par l'aspect sauvage du sol et des habitants, ce qu'elle devait être quand le P. Maunoir y fut combattre l'empire de l'enfer, qui semblait avoir appesanti son joug sur ce malheureux pays. C'était là que le zélé missionnaire eut le plus de fatigues à endurer ; c'est là aussi qu'il obtint ses plus beaux triomphes, là où sont encore deux monuments précieux: sa tombe vénérée et le séminaire de Plouguernével. Le P. Maunoir avait prédit qu'il mourrait au milieu des terres de saint Corentin, et Plévin, en effet, était un point assez central du vaste diocèse de Quimper, tel qu'il existait avant 90. La piété y conduit toujours de nombreux pèlerins à son tombeau, et le petit séminaire est, suivant ses désirs, une pépinière de saints prêtres. *Eur vaghérès sent.* Chaque année, par une bénédiction spéciale, il en sort plusieurs élèves pour se consacrer aux missions étrangères : on peut croire que le P. Maunoir y a laissé une participation à son zèle, en même temps que son surplis et son bonnet carré, qu'il légua à cette maison après son dernier sermon qu'il y prêcha. Le retable et le tabernacle de l'autel sont évidemment du temps du saint missionnaire, et seront sans doute respectés contre toutes tentatives fâcheuses de restauration. Des retraites d'hommes se donnent, pendant les vacances, dans ce lieu ignoré du monde et béni du ciel. «Je ne puis vous dire, écrivait en 1835 une âme digne d'apprécier ce touchant spectacle, l'impression que me faisaient ces vieux cantiques bretons du P. Maunoir, chantés à pleine voix, par les pauvres paysans du pays, dans cette église où il a si souvent prêché, chanté, converti; devant l'autel où il célébrait les saints mystères, et devant le tabernacle où il adorait si profondément le Dieu qui est encore servi avec tant de ferveur dans cette pieuse maison.» (Lettre de Melle Zéphirine de Kergariou, morte depuis religieuse à Paris.)

M. DE PLIVERN.

M. de Plivern appartenait à la famille de Kermeno. — Le nom de Plivern était celui d'une terre. La première faveur que Dieu lui fit, ce fut d'être présenté aux fonds sacrés du baptême par une excellente chrétienne nommée Catherine Daniélou, dont le P. Maunoir écrivit la vie. Son enfance et sa première jeunesse furent très-pieuses : il entra comme novice, à l'abbaye des prémontrés de Beauport et sa ferveur en eut soutenu la règle jusqu'à la mort, si les religieux avertis par l'affaiblissement de sa santé ne l'eussent engagé à rentrer dans le monde ; il eut le malheur de n'y pas mener une vie conforme à la piété de ses premières inclinations. Cependant une dévotion constante à la sainte Vierge le préserva de plusieurs dangers graves pour l'âme et pour le corps, jusqu'au moment où il revint à Dieu pour toujours à la suite de la première retraite donnée dans la maison de Quimper dont Mme

de Brucelio, sa tante, était une des principales
fondatrices ; on regarda la conversion parfaite de
son neveu comme la récompense {de la générosité
de cette vertueuse femme. Une seconde retraite, sous
la direction du P. Huby, détermina M. de Plivern à
embrasser l'état ecclésiastique. Sa vie fut extrêmement édifiante, ce qu'il avait de forces était consacré au travail des missions avec le P. Maunoir ; son
repos était de servir les pauvres, de les instruire et
de diriger les religieuses hospitalières dont il avait
fondé l'Hôtel-Dieu à Lannion. Il avait fait bâtir une
modeste maison près du couvent, et y menait une
vie très-humble et très-pauvre avec un autre missionnaire du P. Maunoir, M. Esnault, docteur de
Sorbonne. M. de Plivern avait un don particulier
pour la consolation des âmes affligées par des peines intérieures, et plusieurs se sont encore trouvées fortifiées près de son tombeau longtemps après
sa mort.

Il dirigea, pendant 43 ans, la fervente communauté où deux de ses sœurs étaient religieuses. L'esprit de charité et de régularité qui l'animait s'y est
toujours maintenu après lui.

M. Esnault, ami et zélé collaborateur de M. l'abbé
de Plivern, mourut, comme lui, en odeur de sainteté. Son tombeau est vénéré dans l'église de Ploulec'h, près Lannion.

(5) M. LEUDUGER.

M. Leuduger fut un des membres les plus distingués de l'association de missionnaires formée par
le P. Maunoir, en Bretagne. Ce fut vers l'année
1675 qu'il entra dans cette sainte carrière. Voué à

Jésus naissant, au moment où il vint au monde, Jean Leuduger trouva sans doute dans cette consécration un motif particulier d'imiter la vie apostolique du Sauveur des âmes, né comme lui dans une étable. Ses études furent très-brillantes ; pour les achever, il voyagea ; vit Rome, Naples, le Tyrol, l'Allemagne, rentra en France par l'Alsace, et, en Bretagne, par le Mont-Saint-Michel. Il fit ce voyage en pèlerin et en savant à la fois, nourrissant son corps du pain de l'aumône, et son âme des leçons les plus profondes des académies savantes où il puisait la science, pour servir Dieu plus efficacement. Ses vœux le portèrent toujours vers les missions du Canada ; mais son évêque le retint dans son pays, où il annonça la parole de Dieu avec beaucoup de zèle et de succès. D'abord, il fut disciple du P. Maunoir ; après sa mort, il devint le principal directeur des missions dans le diocèse de Saint-Brieuc. Il fut successivement recteur de Plouguenast et de Moncontour, et laissa dans ces deux paroisses des preuves de son zèle et de sa piété ; entre autres, l'établissement de l'hôpital confié aux dames de Saint-Thomas-de-Villeneuve. Il seconda le P. Ange Proust dans les commencements de cette vénérable congrégation, et forma lui-même, en 1706, une association de pieuses filles destinées particulièrement au soin des malades et à l'instruction des jeunes filles dans les campagnes. Cinq pieuses filles composèrent, à Plérin, sous sa direction, la première communauté de cette congrégation maintenant très-répandue en Bretagne, sous le nom de Filles du Saint-Esprit.

Nommé à la charge de chanoine scolastique en 1689, M. Leuduger y continua ses œuvres de zèle et de charité, sans cesser de soupirer après le bonheur de consacrer sa vie aux missions étrangères.

Il mourut à Saint-Brieuc, d'une maladie contractée en travaillant à une retraite chez les Sœurs de la Croix. Il était âgé de 72 ans. Sa mémoire est restée en vénération dans le diocèse et dans la société religieuse dont il est fondateur.

NOTE

Sur les Evêques de Basse-Bretagne qui ont approuvé et soutenu les Missions du P. Maunoir.

Evêques de Quimper

Le diocèse de Quimper fut le centre des missions du P. Maunoir, tant parce qu'il appartenait au collége que la Société de Jésus avait dans Quimper, que par une vocation spéciale pour cette portion de la vigne du Seigneur. La circonscription très-étendue de cet ancien diocèse le rendait alors limitrophe de ceux de Léon, de Tréguier, de Saint-Brieuc et de Vannes (*) Cette circonstance favorisa les courses apostoliques du P. Maunoir dans tous les autres évêchés de la Bretagne, ceux de Nantes et de Saint-Malo exceptés. Par une haute faveur du ciel, l'Eglise de Bretagne vit, pendant ce temps, des hommes d'un grand mérite occuper ses siéges épiscopaux, et ce fut avec la protection de ces dignes prélats que le pieux missionnaire exerça son zèle avec tant de fruits pendant 42 ans.

MGR RENÉ DU LOUET.

Mgr René du Louët de Coatjunval, connu, avant son épiscopat, sous le nom d'abbé de Kergilliau

(*) Voir la carte ci—jointe

naquit, en 1584, à Loperhet, diocèse de Quimper.
Sa jeunesse fut studieuse et pure. Ses vertus respec-
tées à Saint-Pol-de-Léon, où il était grand-chantre,
le rendirent l'appui et le consolateur des âmes éprou-
vées par la calomnie : Marie-Amice Picard et M. Le
Nobletz n'eurent point d'autre protecteur pendant
les persécutions étranges qu'éprouva leur admirable vertu. Il éclaira la religion surprise de Mgr Cupif, au sujet des missions du P. Maunoir. Malgré
sa longue résistance à recevoir le caractère épiscopal, Mgr du Louët fut sacré évêque de Quimper,
le 1 Février 1642. Pendant 26 ans d'épiscopat, il
ne quitta son diocèse que pour des affaires ecclésiastiques d'une haute importance. Profondément
humble et pieux, il remplissait tous ses devoirs avec
une simplicité apostolique ; afin de mieux ranimer la
foi et la piété de son troupeau, il prit en main le
bâton de voyageur avec la houlette du pasteur. Il visita plusieurs fois, à pied, toutes les paroisses de son
diocèse, même celles qui n'avaient pas vu d'évêques
depuis 200 ans. Pour que sa visite ne fût pas une
simple formalité, il la faisait suivant toutes les règles
de l'Eglise, et il envoyait devant lui, dans chaque
paroisse, les PP. Maunoir et Bernard instruire les
peuples, pour les préparer au sacrement de confirmation. Ce fut une époque de grâce et de renouvelle-
ment pour tout le diocèse. Le zèle de Mgr du Louët
ne se démentit jamais ; on le voyait souvent travailler
dans les missions comme un simple prêtre ; et, con-
naissant par lui-même les besoins urgents des fidèles,
il employait toute l'autorité de sa charge et celle de
son exemple pour exciter le zèle des pasteurs à triompher de l'excessive ignorance de leurs ouailles. Aux

grâces abondantes que Dieu répandit sur Mgr du Louët, il ajouta celle de lui faire connaître et bénir les dignes mains auxquelles il remit son troupeau. Mgr de Visdelou était son coadjuteur depuis plusieurs années, quand il fut nommé à l'évêché de Saint-Pol-de-Léon, et remplacé dans le titre d'évêque de Madaure *in partibus* et la coadjutorerie de Quimper, par Mgr de Coëtlogon.

MGR DE COETLOGON.

Mgr François de Coëtlogon, né le 3 Juin 1631, fut sacré à Quimper, le 18 Avril 1666. Le premier soin du nouvel évêque fut de parcourir le diocèse, accompagné du P. Maunoir, comme l'avait fait, 22 ans auparavant, Mgr du Louët; il suivit ainsi, en toutes choses, ses traces vénérables, lui ferma les yeux, le 18 Février 1668, et gouverna le diocèse 41 ans, avec une vigilance égale à la douceur qui était le caractère particulier de sa vertu. Saint François de Sales était à la fois son patron et son modèle; son épitaphe témoigne de sa fidélité à imiter sa douceur. Elle se termine par ces mots du psalmiste: *Memento, Domine, David, et omnis mansuetudinis ejus.*

MGR DE PLOEUC.

Mgr François-Hyacinthe de Plœuc trouve son plus bel éloge dans cette phrase de son biographe : « Il fut digne de succéder à Mgrs du Louët et de Coëtlogon.» Pour consolider le bien opéré par ces vénérables prélats, Mgr de Plœuc publia des statuts diocésains jusqu'à présent en vigueur; ils sont un témoignage de son zèle pour le culte divin. Son amour pour les pauvres dota les hôpitaux, et sa générosité termina le séminaire, par la construction de son église; il augmenta la maison de retraite, favorisa les missions, et jouit d'une grande estime près de son clergé et de ses ouailles, et même au-dehors de son diocèse. Il mourut en 1739. Ce fut ce digne prélat qui approuva le livre du P. Le Roux et renouvela, sur sa demande, les informations juridiques des deux miracles rapportés plus haut.

Evêques de Léon.

MGR CUPIF ET MGR DE RIEUX.

Mgrs Cupif et de Rieux furent d'abord prévenus contre les missions du P. Maunoir, faute de ne pouvoir juger par eux-mêmes sa doctrine, ne sachant pas le breton et cédant à l'influence d'ecclésiastiques moins excusables qu'eux. Mais ils semblèrent ensuite vouloir réparer leurs torts involontaires par les témoignages d'une confiance toute particulière. Mgr Cupif pria le P. Maunoir d'évangéliser les paroisses bretonnes de l'évêché de Dol aussitôt qu'il y fut transféré. Mgr de Visdelou continua de soutenir et de bénir ses travaux apostoliques dans le diocèse de Léon.

Dans le diocèse de Vannes, Mgr de Rosmadec se plut à réunir les efforts du P. Maunoir à ceux des PP. Huby, Rigoleuc et Thomas. Ils y travaillèrent avec M. de Kerlivio dont l'entière vertu rappelait sans cesse, à M. de Rosmadec, l'exemple de saint Charles, son patron et son modèle, en lui disant avec une sainte liberté : Monseigneur, saint Charles n'eût pas fait cela. L'éclat des talents de cet évêque de Vannes le fit transférer au siége métropolitain de Tours, où il mourut.

Évêques de Saint - Brieuc et de Tréguier.

MGR DE LA BARDE ET MGR GRANGIER.

Dès son noviciat, le P. Maunoir disait : « Mes meilleurs amis seront les plus saints. » Entre tous les évêques qui l'honorèrent de leur bienveillance, il y en eut trois qu'il aima plus que les autres : Mgr du Louët, dont nous avons parlé; Mgr de La Barde, évêque de Saint-Brieuc, e t Mgr Grangier de Lyverdis, évêque de Tréguier : ceux-là dont la mémoire pieuse et vénérée présente plus de conformité avec celle de ses propres vertus.

Mgr de La Barde gouverna le diocèse de Saint-Brieuc pendant 33 ans, de 1642 à 1675. Il y établit le séminaire et le confia aux Lazaristes; il protégea la naissance des Dames hospitalières de S. Thomas-de-Villeneuve, à Lamballe, et seconda les missionnaires non-seulement de son autorité, mais aussi de son touchant exemple. « On ne pouvait retenir » ses larmes, écrit le P. Maunoir, en voyant cet » illustre et vénérable évêque, blanc comme un » cygne, se rendre à l'église de grand matin, se » mettre sur un banc qui lui servait de confession- » nal, où il recevait tous ceux qui se présentaient, » et où, sans se souvenir de la faiblesse de son grand » âge, il demeurait aussi longtemps que les plus » jeunes et les plus robustes missionnaires. Dieu » soit béni de ce qu'il donne ainsi de saints évêques » à son église de Bretagne ! » — Aussi leur perte faisait-elle couler ses larmes. Miraculeusement averti de la mort du pieux évêque de Tréguier, Mgr Balthasar Grangier, il le pleura amèrement, et ré-

pondit au P. Martin, étonné de son émotion profonde : « Hélas ! notre Seigneur a bien pleuré La-
» zare... Je puis pleurer un saint évêque, le protec-
» teur de nos missions et un parfait zélateur des
» âmes. » Mgr Grangier était réellement cela.; et,
pour faire son éloge complet, il faudrait citer sa
vie entière. Sacré évêque en 1646, il mourut en
1679. Il est impossible d'énumérer toutes les œuvres
de zèle et de piété qui remplirent son long épiscopat.
Comme Mgr de la Barde, il créa un séminaire dans
sa ville épiscopale, et il en donna également la direction aux dignes enfants de saint Vincent-de-
Paul. Beaucoup de communautés lui durent leur
fondation, d'autres leur réforme. Son tombeau,
placé dans sa cathédrale, fut toujours vénéré comme
celui d'un saint. Des mères nombreuses y apportent
encore leurs enfants malades pour leur obtenir la
orce et la santé.

ENDROITS DE LA BRETAGNE

Où le R. P. Maunoir *a fait mission chaque année,
depuis la fin de 1640 jusqu'au commencement
de 1683.*

1640 *et* 1641.

**Dans l'évêché
    de**

Quimper.	Douarnenez.
	Ponte-Croix.
	Pouldregat.
	Gurlizonnec.
	Notre-Dame-du-Juch.
Léon.	L'île d'Ouessant.
	L'île de Molènes.
Quimper.	L'île de Sizun ou l'île Saint.

1642.

Dol.	L'île de Bréhat.
	Lanevé.
	Kerity.
	Perros-Guirec.
S.-Brieuc.	Paimpol.
Léon.	L'île d'Ouessant.
	L'île de Molènes.

1643.

Quimper.	Quimper.
	Audierne.
	Cleden.
	Plogoff.
	Penmarch.
	Plouan.
	Rostrenen.

1644.

QUIMPER.	Quimper.
	Douarnenez.
	Daoulas.
	Ploubinec.
	Plougastel-Daoulas.
	Dirinon.
	Irvillac.

1645.

QUIMPER.	Roscanvel.
	Hanfvec.
	Saint-Thomas de Landerneau.
	Legonna.
	Berien.
	Serignac.
	Bénaudet.
	Saint-Rioual.

1646.

QUIMPER.	Douarnenez.
	Plouaré.
	Pouldregat.
	Poullan.
	Langonnet.
	Saint-Mayeux.
	Mûr.
	Cléguérec.
VANNES.	Lignol.
QUIMPER.	Landeleau.
	Saint-Martin.
S.-BRIEUC.	Saint-Thelo.
QUIMPER.	Saint-Thurien.
	Locamand.

1647.

QUIMPER.   Callac.
Carnot.
Plourac.
Plusquellec.
Nulliac.
Saint-Caradec.
Kergrist.
Le Quillio.
Merléac.
Saint-Calaner.

1648.

QUIMPER.   Corlay.
Haut-Corlay.
Plussullien.
Bodeau.
Saint-Martin.
Merléac.
Saint-Caradec.
Saint-Guen.
Cleden-Cap-Sizun.
Plogoff.
Goulien.
Foësnant.

RENNES.   Saint-Georges.
Mellé.
Montault.

1649.

LÉON.   Saint-Paul-de-Léon.
Rosco.
Landerneau.
Saint-Houardon.
Saint-Renan.

QUIMPER. Plounevez-Quintin.
Bothoa.
Sainte-Tréphine.
Laniscat.
Saint-Gildas.
Trémergat.

1650.

QUIMPER. Mûr.
Saint-Guen.
Saint-Mayeux.
Saint-Gilles-Pligeau.
Vieux-Bourg-Quintin.
VANNES. Saint-Gonery.
Querber.
Saint-Corentin.
LEON. Plourin.

1651.

QUIMPER. Ergué-Gabrit.
Locamand.
Tremeauc.
Mûr.
Sainte-Suzanne.
Notre-Dame-de-Tromenou.
Saint-Jean-de-Treboul.
Merléac.
Le Quillio.

1652.

QUIMPER. Ponte-Croix.
Beuzec-Cap-Sizun.
Meylar.
Poullan.
Douarnenez.

Plouaré.
Le Quillio.
Saint-Elouan.
Cleden-Poher.
Saint-Nicaise.
L'île de Sizun.

1653.

QUIMPER. Rostrenen.
Kergrist.
Glomel.
Nizon.
Sainte-Paule.
Saint-Tremeur.
LÉON. Cleder
Guelven.

1654.

QUIMPER. Cuzon.
Crozon.
Saint-Martin.
Ergué-Armel.
Plounéys.
Merléac.
Tréogan.
Saint-Michel.
Le Quillio.
Tregornan.

1655.

QUIMPER. Plougastel.
Pouldreuzit.
Plouan.
Lababan.
Châteauneuf.

Las.
Cleden-Cap-Sizun.
Plogoff.
Luhan.
Coré.
Douarnenez.

1656.

QUIMPER. Douarnenez.
Poullan.
Saint-Philibert.
Peumerit.
Tréogat.
Plounéour.
Plouan.
Plomelin.
LÉON. Plougouin.
TRÉGUIER. Tréguier.
S.-BRIEUC. Plouha.
QUIMPER. L'île de Sizun.
Bodivi.
Plomodierne.
LÉON. Le Conquet.
Lochrist.
Plougonvelin.
Trebabu.

1657.

QUIMPER. Douarnenez.
Louanec.
Kermaria.
TRÉGUIER. Tréguier.
Trelevern.
Cosgueaudet.

Bourbriac.

Bocoho.

QUIMPER. Plouguen.

Saint-Bihi

Kerlagatu.

Notre-Dame-du-Juch.

1658.

S.-BRIEUC. Plouha.

Pléhédel.

Pléguien.

TRÉGUIER. Notre-Dame-de-Gueaudés.

QUIMPER. Plouaré.

Quernevel.

Guengat.

Pouldregat.

Tremeauc.

Querlaz.

Notre-Dame-du-Juch.

L'île de Sizun.

Notre-Dame-de-Quillinen.

1659.

QUIMPER. Perguet.

TRÉGUIER. Plestin.

Tremel.

QUIMPER. Locronan.

Plougonnec.

Plounevez-Porzay.

Saint-Caradec

Nulliac.

Kergrist.

Clohar.

Plogoff.

Cleden-Cap-Sizun.
Le Monstoir.

1660.

QUIMPER.	Douarnenez.
	Daoulas.
	Plougastel.
	Moëlan.
	Le Faou.
	Rosnoen.
	Loperchet.
	Dirinon.
	Mûr.
	Saint-Guen.
	Saint-Connec.
	Haut-Corlay.
	Le Quillio.
	Vieux-Marché.

4661 , 1662 , 1663.

QUIMPER.	Pouldregat.
	Poullan.
	Plouaré.
VANNES.	Crouzanvec.
	Saint-Gonnery.
RENNES.	Rennes, dans la prison et dans l'hôpital.
	La Chapelle-Janson.
	La Guerche.
QUIMPER.	Bodeo.
	Laharmois.
	Plévin.
	Motref.
	Douarnenez.

Balannec.
Du Treffou.
Trebrivan.

RENNES. Fougères.
Saint-Georges de Raintambault.

QUIMPER. Quernevel.
Carnot.
Plusquellec.
Saint-Thurien.
Bonvel.
Elyan.

LÉON. L'île de Batz.

1664.

LÉON. Tremenec.
QUIMPER. Pestivien.
Saint-Martin.
Bothoa.
Sainte-Trephine.
Saint-Nicolas-du-Pellem.
Saint-Michel-de-Douarnenez.

VANNES. Ploerdut.
Caudan.
Plumeliau.
Pleumergat.
Teven.

1665.

QUIMPER. Quimperlé.
TRÉGUIER. Tonquédec.
QUIMPER. Pleyben.
Querien.
Douarnenez.
Plouzévet.

Guiscriff.

La Feuillée.

DOL.   La Boussac.

1666.

QUIMPER.   Le Faoüet.

Douarnenez.

Scaër.

Crozon.

Langonnet.

Plouzévet.

Plomeur.

1667.

QUIMPER.   Gourin.

Rodouallec.

Plouaré.

Douarnenez.

Quernevel.

Melven.

Poullaouen.

Concarneau.

TRÉGUIER.   Plourin.

1668.

QUIMPER.   Guiscriff.

Mûr.

Saint-Mayeux.

Saint-Guen.

Saint-Connec.

Nulliac.

LÉON.   Brest.

Tremenech.

Plouguerneau.

Kersent.

Landivisio.

QUIMPER.   Nevez.

1669.

QUIMPER.   Audierne.
Primelen.
Saint-Michel de Douarnenez.
Riec.
Merléac.
Coré.

LÉON.   Esquibien.
Lesneven.

DOL.   Perros.

1670.

QUIMPER.   Tregunc.
Lanriec.
Beuzec.
Saint-Michel-de-Douarnenez.

TRÉGUIER.   Plourin.
LÉON.   Ploumoguer.
QUIMPER.   Moëlan.
Langolen.

1671.

TRÉGUIER.   Lannion.
QUIMPER.   Crozon.
Camaret.
Roscanvel.
Le Quillio.
Saint-Martin.

1672.

QUIMPER.   Quimper.
Ponte-Croix.

Landudeç.

Beuzec.

Mahalon.

Tourch.

TRÉGUIER. Pedernec.

S.-BRIEUC. Trevé.

1675.

TRÉGUIER. Guingamp.

QUIMPER. Glomel.

Elyan.

S.-BRIEUC. Plémy.

LÉON. Saint-Paul-de-Léon.

DOL. L'île de Bréhat.

1674.

TRÉGUIER. Morlaix, dans la paroisse de Saint-
Matthieu.

QUIMPER. Landevenec.

Talgruc.

Carhaix.

TRÉGUIER. Plemeur-Bodo.

Plouaret.

QUIMPER. Loquenolé.

1675.

QUIMPER. Landerneau.

Châteaulin.

Douarnenez.

Plouguernével.

Missions militaires.

VANNES. Pontivy.

QUIMPER. Plouzéver.

1676.

QUIMPER.	Penmarch.
	Beuzec.
	Plemeur.
	Treffiagat.
	Tréogat.
LÉON.	Commana.
QUIMPER.	Pleyben.
VANNES.	Auray.
LÉON.	Saint-Renan.
VANNES.	Caudan.
QUIMPER.	Riec.

1677.

QUIMPER.	Kerlagatu.
	Plouhinec.
LÉON.	Brest.
QUIMPER.	Plomodierne.
	Quimper.
	Locamand.
TRÉGUIER.	Tréguier.
S.-BRIEUC.	Saint-Brieuc.

1678.

VANNES.	Locminé.
S.-BRIEUC.	Moncontour.
	Lamballe.
LÉON.	Lesneven.
TRÉGUIER.	Pontrieux.
QUIMPER.	Saint-Servais.

1679.

TRÉGUIER.	Quimperven.

QUIMPER.	Pouldrégat.
	Maël-Pestivien.
S.-BRIEUC.	Plestin.
TRÉGUIER.	Ploujan.
DOL.	L'île de Bréhat.
VANNES.	Pontivy.
QUIMPER.	Locronan.
	Huelgouet.
	Cleden-Poher.
	Coré.

1680, 1681, 1682, 1683.

QUIMPER.	Plouvenez-Quintin.
LÉON.	Lochrist.
VANNES.	Rohan.
QUIMPER.	Plouguen.
	Moëlien.
TRÉGUIER.	Pont-Melvé.
QUIMPER.	Plouaré.
RENNES.	L'abbaye de Saint-Sulpice.
	Noyal.
DOL.	Saint.Georges-Grehaigne.
QUIMPER.	Crozon.
S.-BRIEUC.	Yvias.
	Paimpol.
TRÉGUIER.	Bourbriac.
QUIMPER.	Pronevezel.
	Serignac.

————◦◦————

LETTRE

COPIE DE LA LETTRE DU P. MAUNOIR,

A M. DE TRÉMARIA.

De Kimper, 17 Oct. 1655.

MONSIEUR,

Jay receû au fort de mes missions celle qu'il vous a pleû m'envoier a la quelle ie n'ay voulu ni peû repondre sans avoir meurement consideré et prié le Pere des lumieres de me conduire dans la reponse de ce que vous me demandiez. Je benis la divine bonté du dessein qu'il vous a donné et de la fin que vous vous proposez pour le reste de vostre vie. Pour les moiens vous y trouverez de la difficulté. Si vous regardez le sang inimici hominis domesticj eius, si vous voulez demeurer dans la ville i'y vois bien de la difficulté. Pour ce qui touche S. Antoine i'y vois vn grand moien de faire reussir vostre dessein s'il estoit plus possible qu'il n'est car 1° ce n'est pas vn hospital ou les pauvres soient permanens, n'estant ordonné que pour les passans, Monseigneur de Cornouaille aiant appliqué les rentes de cet hospital pour Ste Catherine. 2° Vn prestre demeurant en cet hospital a la direction spirituelle de ce lieu de Monsieur l'Evesque. Il a l'approbation de la ville ce qui est cause qu'une autre direction que la sienne ne reussiroit pas si bien qu'on desireroit. 3° Quelques prestres ont voulu s'unir ensemble dans ce lieu ce qui n'a peû reussir, ni mesmes se commen-

11

cer, les mesmes raisons subsistent. Le poinct est d'avoir un domicile propre pour le dessein que vous avez apres avoir imploré l'assistance du S. Esprit par l'entremise du glorieux S. Corentin. Il m'est tombé un expedient que vous suggerera le P. Sallenenne qui sera bien tost a Paris. Comme vous tendez à la plus grande gloire de Dieu, et au salut des ames etant la plus haute perfection ou puisse arriver vn ecclesiastique seculier ie nay peu trouver de meilleur moien que celuy que iay proposé au P. Sallenenne et auquel il donne son approbation. Dans peu de temps il se rendra à Paris et vous fera ouverture de mon dessein. Ie prie la divine bonté de vous desgager le coeur de tout ce qui est hors de Dieu et de sa plus grande gloire. La moindre attache aux bonnes choses mesmes ou lamour propre, ou la propre volonté se trouuent est vne nuée qui arreste les raions du ciel. Je vous prie de bien ruminer limportance de cette affaire : la tour que vous desirez bastir est haute, et partant il faut que vous vous pouruoiez de tout ce qui est necessaire. Je me réjouis de ce que vous addonnez serieusement a l'estude de l'oraison, je desirerais que vous vinsiez en ce pais armé de ce don du ciel qui est nécessaire a vn missionnaire d'une façon que vous n'auez peu encore experimenter. Mais ce que vous faites est vne disposition à ce que Dieu desire de vous. Le temps ne me permet de m'estendre plus au long. Je vous prie de croire a ce que vous dira le P. Sallenenne qui vous seruira d'interpreste de mes sentimens. Les principes de la uie spirituelle ne suffisent, si on n'a la connaissance des circonstances de ce qu'il faut faire hic et nunc. Une seule ignorée oblige à changer beaucoup. Je me recommande a vos ss. et pp. Vostre tres humble et obeissant

serviteur

Jul. MANOIR. »

L'adresse :
A Monsieur
M. DE TREMARIA,
à Paris.

Certifié conforme à l'original.
D. MIORCET KERDANET,
Avocat et Doct. en droit.

NOTE. On appelle généralement le pieux Apôtre de la Bretagne *Maunoir*. Ce nom lui est donné par son historien le P. Boschet, par D. Lobineau, par le P. Le Roux, etc. Cependant il paraît certain que son nom était *Manoir*, comme l'indique la lettre que nous reproduisons, et son nom breton *Maner*. Peut-être a-t-on commencé par l'écrire avec deux *n*, et plus tard un des *n* aura été pris pour un *u*.

OUVERTURE DU TOMBEAU DU P. MAUNOIR,
EN 1847.

Le quatre octobre mil huit cent quarante-sept, nous, Yves-Marie Le Denmat, recteur de la paroisse de Plévin ; Paul-Marie Prud'homme, chanoine-honoraire de la cathédrale de S.-Brieuc, et les PP. Yves Bazin et François Renault, de la compagnie de Jésus, tous les quatre délégués par Mgr Le Mée, Evêque de S.-Brieuc, pour procéder à l'ouverture et à la visite du tombeau du R. P. Maunoir, missionnaire de la compagnie de Jésus, mort au presbytère de Plévin, l'an mil six cent quatre-vingt-trois, et in-

humé dans l'église de cette paroisse, avons ouvert
ledit tombeau en présence de MM. Joseph Caërou,
vicaire de Plévin; Yves Mahé, aumônier des religieuses hospitalières de Carhaix; Louis-Allain Le
Bescond, aumônier des religieuses ursulines de Carhaix; François-Marie Joanno, vicaire de Glomel; et
de MM. le vicomte de Saisy, et Paul de Saisy, son
fils, et avons trouvé un caveau dans lequel était une
châsse de bois à demi-pourri, et dans cette châsse
quelques ossements qu'on ne pouvait guères toucher
sans les réduire en poussière, à un os près et une
dent qui résistent au contact.

Le tout recueilli avec soin a été déposé, ensemble
un double du présent procès-verbal, dans une nouvelle châsse en bois de chêne, qu'a voulu donner M.
le vicomte de Saisy, et placé en trois compartiments
séparés : dans l'un, les ossements recueillis; dans
l'autre, une certaine quantité de l'ancienne châsse;
et, dans le troisième, de la terre toute empreignée
des ossements réduits en poussière et des entrailles
du P. Maunoir. Et cette nouvelle châsse, fermée et
scellée du sceau de Mgr l'Evêque de Saint-Brieuc,
a été déposée à la place de l'ancienne.

En foi de quoi nous avons signé, sous le sceau des
armes de Mgr, avec les témoins, à Plévin, les jours
et an que dessus.

Locus sigilli.   Signé :

F. Renault, S. J. Y.-M. Le Denmat, recteur de
Plévin. L'abbé Prud'homme, chan.-hon. Y. Bazin,
S. J. Vicomte de Saisy. Paul de Saisy. L.-A. Le Bes-
cond, aumôn. des rel. ursulines. J. Mahé, aumôn.
des relig. hospital. F.-M. Joanno, vic. de Glomel.
J.-M. Caërou, vic. de Plévin.

Un nouveau tombeau a été élevé à Plévin, au P. Maunoir. Il est en marbre blanc et noir, au milieu de la grande nef de l'église, au-dessus du caveau où étaient et où sont encore les restes du zélé missionnaire. On y a gravé cette épitaphe :

Tád Maner.

Cy git le père Julien Maunoir,
de la compagnie de Jésus.
Après 43 ans de missions
dans la Basse-Bretagne,
Il mourut en odeur de sainteté
à Plévin, le 28 janvier 1683.

Evangelizare pauperibus misit me. (Luc. 4.)

En même temps qu'on donnait à Plévin, au P. Maunoir, une tombe plus digne de ses vertus, Mgr l'évêque de Quimper faisait lever, dans l'église du collége de cette ville, la pierre sous laquelle avait été déposé son cœur. La boîte de plomb qui renferme ce cœur a été placée, dans la chapelle de la sainte Vierge, contre le mur, au-dessous d'un marbre sur lequel on lit, en lettre d'or, cette inscription composée par Mgr lui-même :

Cor
R. P. Juliani Maunoir
Presbiteri S. J. missionarii
in hoc sacello depositum
anno 1683.
R. R. Episcopus Corisopitensis
nuperrimè recognovit
et hic subtùs recondendum
piâ veneratione curavit
anno 1847.

TABLE DES MATIÈRES.

Notes sur divers personnages dont il est parlé dans la vie du
P. Maunoir.

APPROBATION.

Nous, Evêque de Saint-Brieuc, avons permis et permettons à M. L. Prud'homme, imprimeur de l'évêché, d'imprimer l'ouvrage ayant pour titre : *Recueil des vertus et des miracles du R. P. Julien Maunoir, de la compagnie de Jésus, missionnaire en Bretagne.*

Donné à Saint-Brieuc, sous notre sceau, notre seing et le contre-seing de notre secrétaire, le 25 Juillet 1848.

† J.-Jn-PIERRE, *Evêque de Saint-Brieuc.*

Par Mandement :

RAULT, *Chan. Secr.*

ERRATA.

Page 8. Il purgea la paroisse de ces insectes dont le lendemain, etc. *Lisez* : il purgea la paroisse de ces insectes ; le lendemain, etc.

Page 19. Un autre formule en une touchante prière. *Lisez* : on conserve aussi cette touchante prière.

Page 24. Les missionnaires *enflammaient naturellement.* Effacer ces deux mots.

Page 50. Sa pensée manquerait de justice. *Lisez* : de justesse.

Page 52. Voyez comme il parle. *Lisez* : voici comme il parle.

Page 71. Il usait d'une vigilance continuelle, ainsi qu'il est arrivé à J.-C., qu'il, etc. *Lisez* : il usait d'une vigilance continuelle. Ainsi qu'il est arrivé à J.-C., qu'il regardait comme son modèle, on a inventé contre lui, etc.

Page 72. Pleuben. *Lisez* Pleyben.

Page 100. Pratglas. *Lisez* Pratelas.

Page 118. Détourner. *Lisez* : retourner.